浙江省高等教育十三五第一批教学改革研究项目"基于移动课程改革的营销专业群新形态教材建设与应用"（项目编号：jg20180655）成果。

金苑文库
中国特色高水平高职学校建设系列成果

章金萍　王　煜　著

"互联网+"时代
高职课程改革
与新形态教材建设

ZHEJIANG UNIVERSITY PRESS
浙江大学出版社

序

近年来,"互联网＋"成为经济社会创新发展的重要驱动力量。"互联网＋教育"进入教育者的视野,带来教育变迁,在一些新兴产业大量出现的同时,新理念、新技术、新方法也渗透教育领域,使得教育教学领域发生了诸多重大的变革。课程教学改革作为教育教学改革、人才培养模式创新的微观但却最重要的载体,在"互联网＋"时代日益朝着信息化、线上线下一体化、个性化、资源海量化、交互式的趋势发展,形成了新的移动课程形式。

在移动课程成为课程教学改革创新的一大趋势的当下,各地教育主管部门已认识到课程教学改革的推进必然需要教材改革相配套,开始关注线上线下一体化的新形态教材建设。浙江省高等教育学会也开展了浙江省"十三五"首批新形态教材的评比和立项工作,一些出版社如高等教育出版社、浙江大学出版社、中国人民大学出版社等也纷纷利用新的技术制作出版新形态教材,许多课程教学改革的先行高职院校也开始将教材改革作为教学改革的一项重要内容。但总体而言,新形态教材建设过程仍存在下述不够理想的状态。

1.关注度不如课程改革。虽然教材形态改革是课程改革创新的重要组成部分,但受到传统的思维定式影响,人们对新形态教材建设的关注度并没有对线上线下课程的关注度高。对于课程改革,国家和各省通过精品资源共享课、精品在线开放课程、慕课等的评选和立项,引领着移动课程建设的方向。但至今为止,国家层面还没有对新形态教材的评选和立项。

2.高职院校的参与度不高。虽然一些高职院校的部分专业教师已编写并出版了新形态教材,但由于新形态教材建设需要较多的资金支持,也需要教师投入大量的时间、精力,因此,目前无论是学校还是教师在新形态教材建设上的参与度都不高,新形态教材数量占比还很低。

3.出版单位的出版率不高。新形态教材的出版对出版单位来说,也需要强有力的技术支撑,这增加了编辑审稿的时间和难度。和传统教材相比,这无疑提高了新形态教材的出版成本,在教材售价没有多大提升的情况下,出版单位的积极性就不会很高。

4.教材应用效果尚不明显。新形态教材尚处于起步阶段,一些列入国家教学资源库的课程虽然已经建设并加以应用,但应用之后新形态教材与传统教材相比,是否有优势、优势有多大,这些问题尚没有经过调研和分析。

教材作为教学基本建设的重要内容之一,既是课程改革实施的依托,又是课程改革成果的外化。当前由互联网技术引发的移动课程教学方法与手段的革命性变革,必须在教材编写上体现与之相适应的内容、体例及表现形式,加大新形态教材建设力度势在必行。

1.新形态教材是信息技术与教育教学创新融合发展的需要。新形态教材通过将一些重要的教学素材资源编码后生成一个个二维码,以手机二维码作为介质将纸媒和网媒有机结合,既是对纸质教材的补充,又是当下教育教学创新在教材上的体现。

2.新形态教材是实现移动课程教学改革的重要载体。移动课程具备移动学习、课程支持、免费下载、适配性强等特点,其基本教学素材便是教材。新形态教材中丰富的动态资源可以使学生打破线下课堂时空的限制,仅用一部手机和一本书就可满足学生线上线下、随时随地学习的需要。

3. 新形态教材是实现师生互动的需要。移动课程教学改革的又一特点是将静态课程教学中以一对多为主的师生互动转化为以一对一为主的师生互动。新形态教材中包含的网上课程,可以实现授课者与受教者之间的这种无时空限制的一对一互动,从而真正做到因材施教。

2018 年,本人主持的"基于移动课程改革的营销专业群新形态教材建设与应用"被立项为浙江省高等教育"十三五"第一批教学改革研究项目。本教学改革研究项目拟通过浙江金融职业学院市场营销专业群新形态教材建设和应用的研究和实践,推动移动课程建设的改革和创新,使高职的课程和教材在"互联网+教育"的时代,在信息技术与教育教学创新融合发展上得到受教者的认可和接受,使高职商贸类专业的课程更加适应时代的需要。

本研究项目主要在浙江金融职业学院 2019 级市场营销、工商企业管理、电子商务、房地产经营管理等四个专业 1600 余名学生中,运用实施下述方法。

1. 以丰富的动态资源建设作为新形态教材的建设基础。新形态教材可包含课程标准、课程设计、教学设计、电子教案、演示文稿、微型课程、动画、教学案例、习题作业、试题库、交互实训、教学评估、电子书等众多教学文件及教学信息。

2. 以二维码技术作为新形态教材的技术支撑。在教材出版单位的帮助下,将一些重要的教学素材资源编码后生成一个个二维码,并将二维码印制在教材上,学生只要用手机智能终端的扫描软件扫描解码二维码,便可阅读和观看纸质教材之外的文本、图片、演示文稿、视频、动画等大量的补充资源。

3. 以资源的可读可看性吸引学生。由于高职学生对一些理论性偏强的知识的学习缺乏兴趣,他们对学习资源的选择更为挑剔,只有那些在被浏览的第一眼就能吸引他们视线或耳朵的资源才能被学习下去,因此,新形态教材的资源建设一定要强调趣味性和可读性。

4.以新型的教材体例促进学生自主学习。把对学生的职业思维观念和实操能力的培养作为教学的重心,使教材在内容和教学组织安排上突出知识、方法技能和实践体验的过程融合,如以模块化为教学和实训的过程载体,将教材内容编排和设计为若干模块单元,每个模块穿插小案例、小任务,将知识、方法、过程与具体的任务活动联系起来。

在项目实施过程中,也形成了移动课程和新形态教材建设的特色。

1.实现学生线上线下学习互为补充。新形态教材中所蕴含的资源及其展现方式,较大程度地改变了知识获取的方式和载体,实现了线上线下学习互为补充的作用,使得学习变得更为便捷和自由,学生有了更多选择学习内容、学习形式、学习时间和次数的权利,因此更能发挥其学习的主动性和积极性。

2.教材资源的多元化。新形态教材是在使用传统纸质教材的基础上,同时配有习题集、案例集、网络及视听资源,使信息呈现的方式多元化。无论是资源的数量、资源的种类还是资源的获取渠道,都更加多元。

3.教材体例的创新性。本项目建设的教材主要包括工作岗位的操作程序、步骤、内容和要求,以团队化、模块化为教学和实训的过程载体,将教材内容编排和设计为若干模块单元。每个模块先以知识树的形式展现内容结构,正文开篇设计导入案例,以岗位操作流程作为主体内容,并穿插小案例,每个任务单元后都让学生对技能点进行操练和巩固,最后又结合线上的网络课程,分别指导学生完成案例分析、交互实训、题库测试及对专业能力和核心能力素养进行自我评价,从而将知识、方法、过程与具体的任务活动联系起来,让学生学中做、做中学。

项目的实施也取得了较为丰富的成果,完成了《营销策划》《市场营销实务》《市场调研》《创新创业指导》《电子商务实务》《零售管理》《服务营销》《管理学基础》《企业文化理论与实务》等 9 本新形态教材的出版,并建成了上述课程的网络化资源,实现了线上线下相结合的教学。通过对实施移动课程教学和应用新形态教材的调研,学生接纳程度良好。

今后,项目团队将进一步深化"三教"改革的研究和实践,应用新形态教材促进教学方法和内容的创新,努力提升信息化课程与建设水平,完善多媒体教学手段,更好地顺应"互联网+"时代的教育教学改革发展趋势。

作者于 2020 年 8 月

目　录

第一章 "互联网＋"时代高职课程呈现新态势

　　"互联网＋"是当今社会的一个热门话题,它是指任何传统行业被互联网改变,并产生新的格局。当"互联网＋"以迅猛之势带给我们生活巨大变化的同时,其对教育领域的冲击也是显而易见的。"互联网＋教育"改变着我们的教育教学模式,促使我们的教学方式改革和创新,推进我们的教学内容优化。在高职教育领域,微观层面的课程建设伴随着这种信息技术带来的变革,将呈现新的态势。拥抱"互联网＋",打造"互联网＋课程",是每个高职教师都将面临的挑战和机遇。

一、我们身处"互联网＋"的时代

(一)"互联网＋"概念的提出及其内涵

　　最早提出"互联网＋"概念的是易观国际集团创始人、董事长兼 CEO 于扬。2012 年 11 月 14 日,他在"2012 易观第五届移动博览会"上发表以"互联网＋"为题的演讲,首次提出"互联网＋"的概念。他认为,这个世界上所有的传统和服务都应该被互联网改变,如果这个世界还没有被互联网改变,一定意味着这里面有商机,也意味着基于这种商机能产生新的格局。未来的生活是在多屏的环境中发生,而这样的服务会以一个"互联网＋"的公式存在,从而重新改造和创造我们今天所有的产品,才能真正转型,创造新的局面。

2015 年 3 月 5 日,李克强总理在第十二届全国人民代表大会第三次会议所做的政府工作报告中指出,"制定'互联网＋'行动计划,推动移动互联网、云计算、大数据、物联网等与现代制造业结合,促进电子商务、工业互联网和互联网金融健康发展,引导互联网企业拓展国际市场"[1]。在国家层面确定了"互联网＋"发展战略和行动计划。

与此同时,阿里研究院发布的"互联网＋"研究报告将"互联网＋"定义为:以互联网为主的一整套信息技术(包括移动互联网、云计算、大数据技术等)在经济、社会生活各部门的扩散应用过程。[2]

同年 7 月 4 日,国务院发布了《国务院关于积极推进"互联网＋"行动的指导意见》(国发〔2015〕40 号),将"互联网＋"定义为:把互联网的创新成果与经济社会各领域深度融合,推动技术进步、效率提升和组织变革,提升实体经济创新力和生产力,形成更广泛的以互联网为基础设施和创新要素的经济社会发展新形态。[3]

---

[1] 李克强.2015 年政府工作报告[EB/OL]. http://www.people.com.cn/n/2015/0305/c347407 - 26643598.html.

[2] 阿里研究院.阿里研究院"互联网＋"研究报告(2015 年 3 月)[EB/OL]. http://www.199it.com/archives/332572.html.

[3] 国务院.国务院关于积极推进"互联网＋"行动的指导意见[EB/OL]. http://www.gov.cn/zhengce/content/2015 - 07/04/content_10002.htm.

因此,"互联网＋"代表着一种新的经济形态,即充分发挥互联网在生产要素配置中的优化和集成作用,将互联网的创新成果深度融合于经济社会各领域之中,从而提升实体经济的创新力和生产力,形成更为广泛的以互联网为基础设施和实现工具的经济发展新形态。

(二)"互联网＋"影响着我们的生活

自"互联网＋"成为国家层面的发展战略和行动计划以后,各个传统行业纷纷利用信息通信技术及互联网平台,与互联网进行深度融合,创造新的发展生态,形成了精彩纷呈的"互联网＋各个传统行业"的发展态势。互联网金融、互联网交通、互联网医疗、互联网教育等新业态正是互联网与传统产业融合的产物,"互联网＋"已成为经济社会创新发展的重要驱动力量。今天,我们身处"互联网＋"的时代,"互联网＋"正影响着我们的生活,给我们的生活带来巨大的变化。

创业创新、协同制造、现代农业、智慧能源、普惠金融、教育、益民服务、高效物流、电子商务、便捷交通、绿色生态、人工智能等"互联网＋"与各行各业的融合,使我们的社会发生了天翻地覆的变化。

"互联网＋"对我们工作、生活的改变也是革命性的。"互联网＋通信"成就了我们的即时通信工具 QQ 与微信;"互联网＋批发零售"使我们拥有了淘宝、天猫、京东、苏宁易购等便捷的电子商务平台;在"互联网＋饮食"领域,出现了大众点评、美团、饿了么等外卖平台;"互联网＋出行"既成就了哈啰单车、青桔单车等共享单车平台,也形成了 Uber、滴滴、嘀嗒拼车、曹操专车等众多打车平台;"互联网＋金融"形成了支付宝、微信钱包、小米金融等多种移动支付方式;"互联网＋企业政府"形成了各类信息化办公软件;"互联网＋KTV"出现了唱吧;"互联网＋房地产"成就了搜房、安居客、房多多、丁丁租房等房产中介平台;"互联网＋汽车"成就了汽车之家、易车网;"互联网+文学"出现了腾讯文学、阿里文学;"互联网+手机"成就了各种智能手机;"互联网+相亲"成就了世纪佳缘、珍爱网等。"互联网+"使我们的生活更加便捷、美好。

(三)"互联网+"的特征与互联网思维

1."互联网+"的特征

以迅猛之势改变我们生活的"互联网+"正呈现出下述特征。

(1)跨界融合。"互联网+"就是跨界的一个融合和革命,这个"+"不仅仅是两者之间的相加,更是融合和重塑。

(2)创新驱动。"互联网+"是在传统行业基础上进行的创新,是传统行业与互联网相结合,是线上线下的相交点。

(3)重塑结构。全球化、互联网化打破了社会的结构,传统行业不再局限于线下和本地环境,而是不受文化、地域等阻碍,可以走得更远。

2.互联网思维及其优势

诚然,"互联网+"并不是一个简单的相加,而是将原来的一切都分解成碎片,然后再以互联网为中心重新整合起来,成为新的体系、新的结构。在这种情况下,一切都将发生变化,"互联网+"的本质是碎片与重构。而这种跨界、创新和重塑正是依据互联网思维形成的。"互联网+"的核心就是互联网思维,互联网思维是颠覆传统的跨时代思维,具体包括了跨界思维、碎片化思维及大数据思维。"互联网+"正是互联网思维进一步实践的成果,其优势在于以下几点。

(1)开放性。开放是互联网精神的核心,也是"互联网+"思维的本质。

(2)主动性。"互联网+"思维与以往模式显著的不同就是主动接触互联网的新兴事物,积极引入新概念、新方法来实现自身的突破性发展。

(3)创新性。"互联网+"的创新既包括基于互联网的新产品、新服务、新业态,也包括运用互联网技术对现有产业和行业的更新改造。

在全球新一轮科技革命和产业变革中,互联网与各领域的融合发展具有广阔前景和无限潜力,已成为不可阻挡的时代潮流。"互联网＋"推动经济形态不断地发生演变,从而激发社会经济实体的生命力,为改革、创新、发展提供广阔的网络平台。

二、"互联网＋教育"的形式与在线教育模式

教育信息化是中国高等教育快速发展的重要途径。"互联网＋教育",作为互联网时代背景下,互联网与教育的有机融合,同样对我们的教育教学产生着日益重大的影响。"互联网＋教育"是利用信息技术及通信技术,使互联网与教育进行深度融合。当前教育领域出现的慕课、微课、翻转课堂等新技术手段,正是在教育领域基于"互联网＋"思维的模式创新。[1]

2015年,国务院公布的《关于积极推进"互联网＋"行动的指导意见》指出,要"让'互联网＋'推动教育服务模式改革"[2]。2016年,教育部印发的《教育信息化"十三五"规划》提出了建成"人人皆学、处处能学、时时可学"、与国家教育现代化发展目标相适应的教育信息化体系。[3] 2019年2月,党中央、国务院印发《中国教育现代化2035》,提出了十大战略任务,其中第八项任务是加快信息化时代教育变革。文件要求加快推进"互联网＋教育"战

---

① 杨军安.基于"互联网＋"思维的高职课程改革探索[J].沿海企业与科技,2016(01):80－81.

② 国务院.国务院关于积极推进"互联网＋"行动的指导意见[EB/OL].http://www.gov.cn/zhengce/content/2015－07/04/content_10002.htm.

③ 教育部.教育部关于印发《教育信息化"十三五"规划》的通知[EB/OL].http://www.moe.gov.cn/srcsite/A16/s3342/201606/t20160622_269367.html.

略,积极开展以信息技术为支持的智慧教育创新研究,利用现代技术加快推动人才培养模式改革,实现规模化教育与个性化培养的有机结合。① 2019年3月,李克强总理在第十三届全国人民代表大会第二次会议上所做的《政府工作报告》中提出,要发展更加公平、更有质量的教育,强调要发展"互联网＋教育",促进优质资源共享。② 因此,实现中国教育现代化、推动教育信息化建设是新时代教育改革和发展的明确方向,"互联网＋教育"是当前社会进步及教育发展的必然趋势。教育信息化体系的构建成为"互联网＋教育"的有力保障。

(一)"互联网＋教育"的主要形式

自"互联网＋教育"理念提出以来,教育突破了学校的围墙,有限的学校学习资源跨越时间和空间,走到了社会大众面前,使得全民教育成为可能。社会民众在接受知识时,不再受到年龄、地域局限,终身教育成为可能。随着新技术、新设备的不断推陈出新,学习的方式方法、教育的内涵外延都发生了很大变化。

在线教育、网络教育的快速发展,使得知识不再封闭,而是以开放、免费的形式展现在社会公众面前,满足了不同受教育背景、不同兴趣爱好及不同个性特征的学习者的不同需求,让自主学习、自动学习的个性化教育成为可能。"互联网＋教育"体现在互联网与教育教学诸多层面的融合,这种融合的形式主要表现在以下几个方面。

---

① 教育部.中共中央、国务院印发《中国教育现代化 2035》[EB/OL]. http://www.moe.gov.cn/jyb_xwfb/s6052/moe_838/201902/t20190223_370857.html.
② 李克强.2019 年政府工作报告[EB/OL]. http://www.gov.cn/zhuanti/2019qglh/2019lhzfgzbg/.

1. 互联网＋学校

将互联网引进学校和课堂,是大势所趋。iPad、"电子书包"、手机等成为学生的学习工具,校园 Wi-Fi 全覆盖,成为衡量学校信息化建设水平的一个基本要件。

2. 互联网＋课堂

将一些名校名师名课程的视频放到互联网上,实现优质教学资源的全方位共享,包括校内与校外的共享、国内与国外的共享。由于网上学习的个性化程度非常高,传统"课"的概念将有所改变,不再规定固定的上下课时间,教学内容不再拘泥于学科与专业知识体系结构,以学习者为中心、以问题为中心、以个人需要为中心的个性化和问题导向型的课程体系日益形成。网络课程不受时间、地域、人数的局限,如哈佛公开课的视频也能通过网络被中国学生自主决定学习的时间和地点,学生数量不再受课堂大小的限制,一些英语网络课程,学生甚至可以与远在万里之外的外教进行一对一的即时练习。线上教学是科技进步的产物,顺应了时代的发展。特别是 2020 年受新型冠状病毒影响,国内大中小学延迟开学,更使网络教学得以广泛传播与应用。一些具有视频直播功能的教学平台,如腾讯课堂,由于具有回放功能,使得学生的学习灵活方便——不能及时理解教师直播授课时讲解内容的同学,可以反复回放教学视频,直至完全理解——因而受到师生的好评。

3. 互联网＋教师

"互联网＋教育"背景下,互联网这一媒介在大众普及的同时,也成为教师发展的另一"平台"。互联网快速传播的功能,能够让一个优秀教师的教学范围、教学成果及教学影响呈指数级增长。[①] 互联网时代,像从前那样一

---

① 王鑫."互联网＋教育"背景下高校教师专业发展路径[J].继续教育研究,2017(1):92－94.

成不变进行教学的教师有可能被淘汰,当网上有教师讲得更好时,学生都会跑到网上听课;一旦学校认同学生通过网络学习所得到的学分,原来这门课的授课教师就有可能下岗。未来的教师将可能分为两种:一种是线上讲授公开课的明星教师,另一种则是线下承担课程辅导工作的教师。

4.互联网＋学生

互联网思维是一种用户至上的思维。面对年轻的数字时代原住民,教育必须要用新的思维方式来适应学生、引导学生。当下的数字时代也是消费者主权的时代,用户至上就是要以学习者为中心,以学生为本。学生除了在课堂学习之外,时时处处皆可学习,学习的领域会更加广泛。同时,对学生的评价标准也会发生变化,考试得高分并不意味着学习好,并不只有书本上的知识才有用,互联网上那些看似零散的信息与知识都有着其特定的意义。

(二)几种常见的互联网在线教育模式

随着互联网和信息技术的快速发展,人们获取知识的方式和途径发生了巨大的变化,"互联网＋教育"将会使未来的一切教与学的活动都围绕着互联网进行,即通常我们说的在线教学。通过网络,学生与教师即使相隔万里也可以开展教学活动。借助网络课件,学生还可以随时随地进行学习,真正打破了时间和空间的限制。教师在互联网上教,学生在互联网上学,信息在互联网上流动,知识在互联网上成形,线下活动成为线上活动的补充与拓展。2010年网易创立的"网易公开课"、2014年腾讯创立的"腾讯课堂",都是国内"互联网＋教育"的知名品牌。目前,在线教育项目的数量已经超过了3000家,深受国民欢迎。在线教育有助于改善教育资源分配不均等的现状,让每个人以更低的成本获得更适合自己的学习资源。随着在线教育市场份额的不断提升,互联网在线教育形成了五种主要模式。

1. B2C 在线教育模式

B2C 在线教育模式是在线教育公司直接面向用户销售教育培训产品和服务的模式。这种模式是目前运用最广泛的一种在线教育模式。如猿题库、51Talk、爱考拉等，都吸引了海量的用户，拥有千万甚至上亿的市场容量。

2. C2C 在线教育模式

C2C 在线教育模式是搭建网络教学和交易的平台，绕开传统的教育培训机构，让教师和学生直接通过网络平台进行教学和交易。常见的做法是通过和教育机构合作，以讲师团队入驻平台或者个人讲师入驻的形式，向用户提供直播或点播的教育服务。平台本身并不生产课程，它是为老师提供技术平台、为用户提供学习课程的第三方。这种模式是近年兴起的一种新兴模式，以欢聚集团（YY）的 100 教育、沪江网为典型代表。

3. O2O 在线教育模式

O2O 即"线上到线下"，O2O 在线教育模式是指，有线下培训业务的教育机构，开展在线教学业务；或者是在线教育企业开展线下教学业务，打通线下和线上平台，使二者相互结合的模式。如"e 学大"就是这种类型的模式。O2O 模式下常见的做法是大型教育培训机构通过线上将用户和流量引导到线下，将学习场景放在线下进行，而其他在线平台一般是进行线上教学。

4. B2B 在线教育模式

B2B 在线教育模式是教育或相关行业的企业向政府、企业、学校、团体提供的在线教育服务模式。如中国残疾人就业服务远程培训平台、中国保险网络大学、中国证券业协会远程培训系统等，这些单位在开展行业培训过程当中也需要借助社会的一些优质资源，让受训人员获得高质量的继续教育。而高等教育出版社联手网易推出的中国大学 MOOC 网及智慧职教平台，则充分依托高等学校、职业院校的优质教学资源，以在线开放课程与专业教学资源库的形式，向学生、教师和其他社会用户提供教育教学服务。

5. B2B2C 在线教育模式

B2B2C 在线教育模式是以实现在线教育和能力培训为导向目标，通过与线下教育机构合作，并让教师入驻平台，开展线上教学，向学习者提供课程资源的一种教育形式。这种教育模式搭建起的互联网第三方教育平台，连接了教育内容供需双方，为教学过程各环节提供付费的教育内容、技术、功能和服务。如 CCtalk 就是时下较有影响力的，为独立的知识传授者、分享者提供较为完善的在线教育工具的一个实时互动教育平台。

三、"互联网＋教育"为高职教育带来的机遇与挑战

（一）"互联网＋教育"为高职教育带来的新理念和新手段

"互联网＋教育"对高等职业教育而言，是一种机会，也是一种挑战。高等职业教育是以培养适应生产、管理等一线服务要求的技术技能型专业人才为主要目标，教育教学活动始终以学生专业技能和职业水平的提升为核心。随着我国进入新的发展阶段，产业升级和经济结构调整的节奏不断加快，各行各业对掌握新技术技能人才的需求越来越紧迫。"互联网＋"时代的技术技能人才正是那些拥有互联网思维，掌握新技术、新工艺的新时代能工巧匠。因此，只有在"互联网＋教育"的环境下，通过产教融合、校企合作，深化复合型技术技能人才培养培训模式改革，才能培养出产业急需、技艺高超的高素质技术技能人才。

"互联网＋教育"给高职教育带来了全新的理念和手段。首先,"互联网＋教育"更加强调借助网络媒介实现资源融通、自主学习、自由分享的理念,优质的网络教学资源在院校之间、教师之间、学生之间实现共享,个性化的随时随地学习实现了用户至上的目标。其次,大规模的信息化则是"互联网＋教育"为高职教育带来的全新手段。无论是在线教学、在线互动、在线答疑还是在线考试等,都离不开完善的信息化技术的支撑。信息化手段使"互联网＋教育"呈现出多种教学方式和考核方式,促进了教学改革与创新,激发了学生的学习兴趣和主动性。

在"互联网＋教育"背景下,高职院校纷纷将教学与技术优化整合。信息化手段在高职教育领域的普遍应用,提高了教学资源的建设效率和应用成效,也提升了教学效果和学生的学习热情。这种优化整合,更有利于实现资源共享的最大化。如教育部于 2010 年启动的国家职业教育专业教学资源库项目,旨在通过校企、校校合作,集合全国优质教学力量,共建共享满足各类学习者需求的在线学习和教学资源系统,10 年中已立项 160 个国家级职业教育专业教学资源库,资源访问量累计超过 2 亿人次。高品质的教学资源库为高职课程改革提供了丰富的素材,共享海量教学资源也避免了资源的重复建设,并且形成了高职院校同类专业之间相互选择和借鉴现有优质教学资源的良好态势。

(二)"互联网＋教育"使高职课程呈现出新变化

在高等职业教育教学改革中,课程建设是综合了师资队伍建设、教材建设、教学质量建设、实验室建设、现代化教学方法和教学手段建设、教育资源建设、教学改革和教学管理等为一体的整体性建设。[①] 高职学校要完善教学

---

① 任莉.高职院校课程建设探究[J].黑龙江省政法管理干部学院学报,2010
(12):153-157.

环节、提高教学质量、改进教学效果、提升教学管理水平、创新教学成果,最终都会落到课程这一最基本的环节。因此,课程建设是高职专业建设的核心要素之一,是全面实现人才培养目标、落实人才规格的着眼点。课程质量的高低在很大程度上决定着教学质量的高低,进而影响人才培养质量。

高职院校以课程为基础实现人才培养目标,以课程为依据开展各种教育教学活动,将课程贯穿在学校发展、人才培养、专业建设的各个环节。学生通过对一门门课程的学习掌握专业知识和专业技能。因此,课程是高职教育教学和专业建设的最基本环节和教育教学改革的主阵地。2019 年教育部实施的一流本科课程"双万计划",将用 3 年时间打造 2 万门左右的国家级和省级一流课程,即我们通常说的"金课",课程建设对高等教育的重要性不言而喻。在高职教育领域,"互联网+课程"同样是"互联网+教育"的重中之重。近年来,高职院校积极探索职业教育服务供给的新方式,响应"互联网+教育"改革的需要,构建基于"互联网+"的高职课程教学模式。

新的课程教学模式带来高职课程的新变化,这种基于"互联网+教育"的高职课程呈现的新变化主要体现在下述几方面。

1.课程资源类型多样化

与传统课程教学资源和教学内容以文本资料为主不同,"互联网+教育"背景下,高职课程的资源和教学内容已不再局限于文本资料,而是将文本、图像、视频(包括录播和直播)、动画、音频、PPT 课件等多种形式的多样化资源相互衔接融通,并且通过微课程的形式,讲述给高职学生或社会学习者。微课具有时间短(通常在 20 分钟之内)、内容精练(突出某个知识点)、资源容量小(便于移动端的传播)等特征,较好地满足了学生碎片化学习的需要,也为学习者创造了更多的学习自由度。

2.课程资源呈现方式多维化

在"互联网+教育"背景下,高职课程充分利用计算机技术和网络平台,实现课程内容呈现方式的多维化。高职课程经历了从精品课程、精品资源共享课到现阶段的慕课、在线开放课程的转变。特别是互联网时代媒体的多样性为课程内容丰富多彩的呈现方式提供了可能,慕课、在线开放课程的大规模推广,突破了学习时间和空间的局限,使课程资源得以共享,为课程教学改革提供了机遇。信息化技术的迅猛发展为课程资源的开发和建设提供了技术保障。在 2020 年新冠肺炎疫情期间,慕课、在线开放课程体现了"停课不停教、停课不停学"的思想,是对教育系统应对重大突发公共卫生事件能力的一次检验,对运用信息化手段推进教育教学改革具有重大意义。[①]

3. 学习方式与技术手段的个性化

互联网已成为改变教育的重要力量。中国教育科学研究院未来学校实验室副主任曹培杰说:"未来教育在很大程度上表现在尊重个体的差异性上。"学生在哪里,学习就要延伸到哪里;学生怎么想,教学方式就应该怎么变。而一些高职院校在实训课程教学中更是嵌入虚拟现实技术,应用"VR＋教育"这种更为新潮的教学方式,可以让每位学生都站在教室的中央,成为教学的焦点。[②]

4. 师生互动方式的灵活性

与传统高职课程以教室或实验室作为师生互动的主要场景不同,"互联网＋课程"可以跨越时空限制,依托网络学习平台,使师生互动更为灵活、自由、有效。教师可以在平台上发起与课程教学内容相关的主题讨论,并对学

[①] 教育部. 中共教育部党组关于部署统筹做好教育系统新冠肺炎疫情防控和教育改革发展工作的通知[EB/OL]. http://www. moe. gov. cn/srcsite/A17/s7059/202002/t20200228_425499. html.

[②] 丁雅诵."互联网＋教育",须由浅入深[EB/OL]. http://opinion. people. com. cn/n1/2018/0104/c1003 - 29744088. html.

生的讨论情况进行评价；学生也可以就某个课程相关的问题发起提问，教师或其他学生可以进行答疑……从而形成积极、开放、互动的师生和生生之间的交流氛围。而在线下教学时，教师还可以就线上出现频率比较高的问题进行面对面的回复和指导，并通过小组讨论、课堂测试等方式检验和巩固学生线上学习的成效。因此，这种灵活的师生互动方式不仅可以提高学生的学习质量，还可以增进师生之间、同学之间的思想与情感交流。

四、拥抱"互联网＋"，创新高职课程

（一）优化课程资源研发与共享机制

"互联网＋"背景下高职课程建设和应用的绩效首先体现在课程是否拥有海量的优质课程资源，以及有多少人在使用这些资源。课程资源的研发是高职课程创新的基础，因此，需要优化课程资源研发机制。一方面，可以基于网络学习平台，通过对学习者行为、轨迹，包括资源的点击率、浏览次数、登录时长、讨论话题等的跟踪与记录，对大量的数据进行量化处理与分析；另一方面，对线下教学部分，通过定期的学生问卷、学生评价、督导课堂评价、教师之间的互评等形式，形成线下的课程建设数据。[①] 借助大数据分析的结果，优化课程资源的研发质量。同时，强化个性化服务质量，加大高职学生网络课程的选课完成率，提高学生网络课程学习的主动性、自律性，这样才能提升课程资源的使用效能，使最优质的资源得以最大限度的共享。

---

① 赵婧.基于大数据的课程资源建设：趋势、价值及路向[J].课程·教材·教法，2015(4)：18—23.

（二）创新课程教学方法

"互联网＋教育"是一种契机，为高职教育教学改革提供了多种方向。"互联网＋教育"最大的进步就是打破了传统教育教学方式。在互联网模式下，学习不再只是呈现、接收、反馈的过程，而是一种全新的认知过程。课程的建设也不再只是师生传授，需要更加关注进度设计、用户感受、社会参与等。教师应创新教学方法，通过"互联网＋"实现更大范围的教学。① 借助网络的多资源、广交流、快联系等多种优势改革传统课堂，探究新的网络教学方式，进一步深化混合式教学、资源共享型教学、翻转课堂教学、精准教学等教学方法，实现课程教学方法的突破。

1.混合式教学

通过慕课教学、微课教学等方法，将课堂从线下拓展到线上，开展混合式教学，让学生学习面更宽、知识量更丰富。慕课是"互联网＋教育"深度融合的产物。作为一种新的教育模式，慕课在提高教学水平和教学质量、改变优质资源不足的现状等方面，起到了举足轻重的作用。教师利用网络平台，还可以进行作业或试卷的批改，通过采集学生作业和考试信息，进行大数据分析，及时发现学生学习知识的薄弱点，有针对性地进行纠错补练。

2.资源共享型教学

互联网课程建设为高职课程教学改革提供了技术和资源支持。由于网络上拥有海量的教学资源，优质的课程资源又比比皆是，因此高职教师应摒弃"教师是学生唯一资源来源"的观念，积极参与优质教学资源的共建共享，鼓励高职学生应用网上优质的资源，如优质课程、国家精品数字资源库等，

---

① 何晓华."互联网＋教育"课堂模式的转型与发展研究[J].中国教育信息化，2019(22):65－67.

感受优秀教师的教学方法,体验更多视野外的知识,见识一些闻所未闻的新技能,从而更新自身的学习理念,提升获取身边信息资源的能力,扩大信息视野。近年来,在国家推进精品在线开放课程建设的进程中,涌现出了"爱课程""学堂在线""华文慕课""中国大学慕课""好大学在线""优课联盟"等一大批优质的在线开放平台,这些平台在课程开发、视频制作、课程运营等方面积累了大量宝贵经验,更重要的是实现了海量课程资源的共享,为广大师生提供了获取教育资源的便利。当然,从另一个角度来看,资源共享型教学也对教师提升教学水平、拓宽知识面、优化专业技能提出了更高的要求,促使教师和学生一起开展自主学习、自我提升。

3. 翻转课堂教学

翻转课堂(Flipped Classroom)也被称为"颠倒课堂"或"反转课堂",是指学生课前在家观看学习视频掌握知识点,课上教师通过进行小测验、组织学生讨论来检验学生的学习效果。在传统的教学模式下,知识的传递主要由教师在课堂上讲授完成,知识的巩固和内化则通过课后的作业来完成,在这个环节往往需要教师通过作业批阅掌握学生的学习效果,进而有针对性地加以指导。翻转课堂则将传统教学中知识的传递由课上改为课前,将知识的巩固和内化由课后改为课上,在课堂时间里通过测验、讨论互动、教师指导等达成教学目标。高职院校从"以学生为中心"的教学理念出发,随着"互联网+教育"时代的到来,积极采用这种新的教学模式。在教学活动中,教师进行学习的引导,充分发挥学生在学习中的主体作用。在翻转课堂中,教师通过视频的制作节约了课堂的讲授时间,把宝贵的课堂时间用来进行小测验和互动,和学生一起讨论学习中的重点难点,在师生互动中使知识得以巩固和内化。

4. 精准教学

精准教学(Precision Teaching)方法源于美国心理学家、新行为主义学习理论创始人博尔赫斯·弗雷德里克·斯金纳(Burrhus Frederic Skinner,1904—1990年)的行为学习理论,该理论主张以流畅度作为评价学生学习效果的指标,以学习和测量作为精准教学的程序方法。① 随着"互联网＋教育"的深化,在云计算、大数据和人工智能等新一代信息技术支持下,精准教学的理念和方法应覆盖"课前、课中、课后"全教学场景。依托新型课堂形态,精准教学可以达到教学决策数据化、评价反馈即时化、交流互动立体化和资源推送智能化等效果。② 精准教学的方式以学生为中心,借助信息技术手段,将课堂维度拓展到课前和课后,教师依托新的信息化技术提供的精准学情分析,通过线上线下实时的互动交流和情景创设,充分调动学生自主学习的积极性,不断引导培养学生的自主探究学习能力和创新思维能力,从而实现学生的智慧发展。③

(三)更新课程教学内容

教学最本质的需求表现形式就是内容和方法。产教融合、校企合作是高职教育的本质特征。产教融合所集聚的教育教学资源、搭建的实践平台,能够为学生创造良好的学习、实训环境和条件,使得高职学生的理论水平、应用技能得到有效提升。在"互联网＋教育"与产教融合背景下,高职课程内容的更新,应来自行业产业与互联网融合产生的新变革和发展,亦即"互联网＋行业产业"是高职课程教学内容更新的源泉。高职教育在对课程结构、课程关系进行全面调整的基础上,应当充分考虑学生的职业发展,使课

---

① 祝智庭,彭红超.信息技术支持的高效知识教学:激发精准教学的活力[J].中国电化教育,2016(1):18－25.
② 刘邦奇."互联网＋"时代智慧课堂教学设计与实施策略研究[J].中国电化教育,2016(10):51－56.
③ 祝智庭.智慧教育新发展:从翻转课堂到智慧课堂及智慧学习空间[J].开放教育研究,2016(1):18－26.

程内容的更新与最新的职业标准进一步对接,根据本区域行业产业在互联网时代的发展对高职学生知识水平、专业素质、综合能力的新要求,以及完成职业岗位新的实际工作任务所应具备的新知识、新能力,依据职业能力培养这条主线来选取和更新教学内容,并将基于互联网的真实工作任务及工作过程整合到教学内容中,保证学生在课堂中学习的内容就是今后工作中要完成的工作,或者使学生学习高于实际工作中所需的新知识、新技术,从而能真正满足职业岗位动态的发展需求,同时使课程教学内容与最新的职业资格标准对接、与职业能力要求挂钩。2019 年,教育部启动的"1 + X"证书制度试点工作,正是基于"深化复合型技术技能人才培养培训模式"①而实施的改革,可以保证学生的课程学习过程、相关职业资格考试、就业成为高度契合的一体化过程。②

(四)改革课程配套教材

由于高等职业教育的教材既是培养社会中、高级劳动者文化素质和理论基础知识的载体,又是传递各行各业职业知识和生产技术、培养专业技术人才的重要资料,因此高职教材应体现高等职业教育的特色所在。在"互联网 + 教育"背景下,也必须反映最新的专业领域理论成果和行业职业技术成果。要将专业理论融入社会实践性中,因此,高职的课程配套教材改革一方面要体现工学结合、"课岗"一致、学以致用的原则,要能起到让学生边学边干、边干边学的作用。在形式上可以采用活页教材、工作手册式教材,既能及时补充反映新理论、新技术、新工艺、新材料、新装备、新规范

---

① 国务院. 国务院关于印发国家职业教育改革实施方案的通知[EB/OL]. 中华人民共和国中央人民政府官网, http://www.gov.cn/zhengce/content/2019 - 02/13/content_5365341.htm.

② 耿润. 产教融合下高职课程改革探索[J]. 济南职业学院学报, 2019(3):14—16.

的内容，又能将行业产业的作业标准、服务规范等与专业理论有机融合。当前国家针对高职教育推行实施的"1＋X证书制"，将高职教材的内容与人力资源社会保障部门和行业技能管理部门颁发的职业资格证书、职业技能证书有效地衔接，实现实践指导和职业素质培养的有效整合。另一方面，"互联网＋"课程改革的成果可以以新形态教材、一体化教材的形式进行呈现。纸质教材通过将一些重要的教学素材资源编码后生成一个个二维码，并将二维码印制在教材上，学生只要用手机智能终端的扫描软件扫描解码二维码，便可阅读和观看纸质教材之外的文本、图片、演示文稿、视频、动画等大量的补充资源，同时还可以通过教材后台的线上课程平台展示课程所有的电子资源，实现一本书、一部手机随时随地学习课程的目标。

（五）打造全新学习空间

"互联网＋教育"引发了教育范式的结构性变革，传统学习空间已难以承载和支撑新的教育教学理念与模式，学习空间的变革势在必行。我们需要应用大数据、云计算、VR虚拟现实等新技术打造信息化课堂，赋予智慧化内涵，并积极探索"互联网＋教育"背景下智慧校园与智慧课堂教学模式设计。

1.智慧校园

智慧校园"无处不在的网络学习、融合创新的网络科研、高效透明的校务治理、丰富多彩的校园文化、方便周到的校园生活"[①]，为高职课程教学改革提供了广阔的平台。随着移动互联网、大数据等新技术手段的广泛应用，我国高职院校开始由数字校园建设进入智慧校园建设。智慧校园呈现出下

---

① 闻玉辉.基于"互联网＋"的高职《建筑材料与检测》课程教学改革探讨[J].职业技术教育,2019(35):41－43.

面的特征:全面感知校园中人、财、物等环境,能够实现网络无缝互通,提供开放式学习环境和个性化服务。如浙江金融职业学院的图书馆、学生宿舍的管理都已经实现了人脸识别,教室门口的显示屏每天会显示该天该教室的课程安排信息,包括课次、课程名称、教师姓名、班级等信息,学生能够通过移动智能设备终端,实现不受时空限制的泛在学习。

2.智慧课堂

现代教育技术的发展,使教学空间更加丰富多样。智慧课堂将智慧校园的技术进一步延伸到教室和实验室。优化课程教学就是要通过课前、课中的教学活动和课后辅导及智慧评价,创新智慧课堂实施策略,提升教学效果。以学生为主的"互联网线上"学习和以教师为主的"线下课堂"教学,充分利用信息技术拓展课程教学空间。教师可以通过云端数据对学生到课率及学习行为进行相应分析,对课程教学实施动态调整,并能为学生提供定制化、个性化的学习指导服务。高职院校一方面要努力构建以高职学生学习为中心的教育教学大环境,提供精准化的高职教育教学服务,建好线上线下一体化、虚拟与实体相融合、支持教师开展混合式教学及学生进行个性化学习的智慧教室,开发基于大数据的智能化在线学习平台,优化教学环境。另一方面还可以运用互联网技术,在实验室建立虚拟的企业工作环境或工作项目,将学生的学、教师的教、学生的做融合在一个工作任务中,实现教、学、做一体。同时需要打造一支具有高职院校自身特色的信息化支持服务团队,随时为教师的信息化教学及科研提供技术支持和服务,让"互联网+"成为教师专业化发展的助力。

(六)提升教师网络教学水平

"互联网+教育"已经成为高职教育发展的新模式,这就要求高职教师要顺应时代发展,调整自身定位,从传统的传道授业解惑者变为学生学习的引路者和合作者,以适应"互联网＋教育"这一全新的教学模式及自我发展的需要。

1.转变教学理念

"互联网＋教育"不仅仅是一种时代背景,也是一种教育发展趋势和教育教学理念创新。在"互联网＋教育"背景下,学生知识的来源不再局限于教师和书本,广阔的网络天地为其自主学习提供了丰富的资源和素材。因此,信息技术已不再是传统课堂教学的辅助手段,而是主体手段之一。"互联网＋"时代推动教师与学生对信息技术进行学习。作为施教者的教师应强化并提升自主发展的意识与能力,应该认识到课堂不再是课程教学的唯一渠道,需要确立基于"以学生为中心"的教学理念,将信息技术的应用从课内拓展到课外、从个体拓展到群体、从个别资源拓展到网络上海量的优质资源。只有这样,才能使学生获得新信息、新技能的渠道不断扩展。甚至在某些领域,年轻学生较强的学习能力使他们自身的起点或某一领域内的知识丰富程度已超过授课教师,这就要求高职教师必须确立终身学习的意识,不断进行教育教学新知识与新技能的学习。2020年新冠肺炎疫情的爆发倒逼高职教师努力学习并熟练掌握运用信息技术开展在线教学的能力,也更进一步提升了信息技术在高职课程教学中的地位。

2.提升核心素养

教师的核心素养一般包括理念素养(学生观、职业观、教育观、发展观)、知识素养(学科知识、教育知识、学科教学知识、通识知识)、能力素养(教学设计、教学实施、教学管理、教学评价、教学反思)、技能素养(基本技能和教育信息应用技能)。对高职教师而言,则更为强调产教融合背景下的专业定位能力、课程开发能力、实践深化能力。当前"互联网＋教育"对高职教师的核心素养发展提出了新的诉求,利用信息技术整合教学资源的能力被提到一个重要的位置。因此,需要高职教师提升将信息技术与课程教学深度融合的能力,构建起网络化、数字化、智能化、个性化的课程体系。

3.应用信息技术

高职教师的教学能力,并不只是体现在对教学内容是否熟悉、教案制作是否精美上,而是着重体现于对教学内容的掌控能力和教学手段的创新能力上。"互联网＋教育"带来了高职教育模式及教育信息载体的改变。随着互联网科技的日新月异及社会化媒体的普及,网络在线教育平台、论坛、微信公众号等各种知识的新载体成为高职学生普遍能够接受的信息获取载体。[①] 因此,在"互联网＋教育"背景下,高职教师面临信息技术水平的挑战,他们最需要提升的就是互联网信息应用的能力,如翻转课堂中教学视频的录制、学生学习内容的反馈都需要信息技术。作为教学活动的引导者,高职教师需要借助互联网进行资源的搜集、筛选、分析、归纳,并熟练应用信息技术带来的微格教学、混合式教学、翻转课堂、慕课、名校公开课等,开展微课教学活动,搭建交流平台,不断拓展网络资源,丰富学生自主学习的渠道,实现传统课堂学习与在线智慧学习的深度融合。

4.创新教学方式

在"互联网＋教育"时代,高职教师要广泛探索和创新各种教学方式,使"以学生为中心"的教育理念得以贯彻实施。高职教师需要根据高职教育的特点和具体课程的需要,推广参与式教学模式,创新情景模拟和交互式教学模式,不断完善实践教学模式,从而实现良好的教学效果。当前,许多高职教师选择翻转课堂的教学模式,这就需要放弃传统的"回顾旧课—新课导入—知识讲解—案例分析—布置作业"五步教学法,需要用教学陪伴者的角色帮助学生建构起学习经验。教师应以颗粒化资源重构教学内容,让学生

---

① 张莹,吴素超,胡永翔."互联网＋"时代高校教师信息化教学能力发展的调查研究[J].中国成人教育,2016(17):69-71.

在线上反复学习和观摩课程教学内容,鼓励学生通过数字图书、科研报告等多种在线资源,开展探究式学习、创造性学习。教师可以将互联网微博、论坛等工具及微信、QQ等社交媒体,作为教学拓展与延伸的一种新手段。如组织学生建立 QQ 群或微信群来创设学习兴趣小组,组织学习小组内成员对具体的学习问题进行讨论和解决;教师还可以与学生进行学习之外的深度交流和沟通,了解学生所思所想,切实解决学生学习和生活中的困难。①

(七)推进学生多样化学习方式

1.泛在化学习

当代的高职生普遍是"00 后",他们是与互联网相伴而生的,信息化产品和数字终端始终伴随他们成长,他们对于利用互联网开展学习活动具有天然的偏好。在"互联网＋"时代,信息化技术手段已融入社会生活的各个环节,培养学生互联网思维、提升学生适应"互联网＋"变革的能力是当前高等职业教育的重要内容。而泛在化学习正是网络环境催生的一种新型学习方式,碎片化、快餐化的学习让高职学生的学习行为不受时间、场地的限制,变得无时不在、无处不在。课程教学不再局限于课堂,上课的范围得以延伸与拓展,学生在教室内的学习完全可以放到课外,通过互联网载体与教师实时沟通、交流,突破学习的时间与空间限制。因此,学生应养成通过互联网将课堂学习继续延伸的学习习惯,从而让知识技能得到进一步的巩固与深化,并拓宽自己的知识范围。

2.个性化学习

"互联网＋教育"为高职学生个性化和网络化学习提供了更多的机会。

---

① 彭海燕."互联网＋教育"背景下高校教师专业化发展探究[J].宿州教育学院学报,2018(6):35－37.

不同学情的学生应充分利用网络资源，根据自己的学习基础和能力，进行个性化拓展学习，一方面可以查漏补缺，另一方面还可以发展个人特长，获得各自的学习所需，取得更大的进步。目前许多高职教师采用的翻转课堂教学模式，就要求学生在课前观看教师制作的视频并完成小练习，这也考验了学生的自主学习能力，对高职院校学生普遍存在学习主动性差、学习动力不足等问题具有一定程度的修正作用。

（八）重塑师生角色

传统的高职师生生态关系是学生在课堂、教室、学校和企业实习的过程中，通过与教师或行业兼职教师之间的知识互动、技能训练而形成的。"互联网＋教育"环境下，必然要打破这种单一的师生角色定位，师生之间的角色定位将更为复合和深入。首先体现在师生的平等性上。"互联网＋"时代，知识呈现出没有中心节点的网状结构，这就使得高职师生之间的知识互动无须再通过任何知识"中介"，而可以自由进行。高职课程教学中可以普遍采用翻转课堂的教学模式，及时转换教师和学生的角色。由于课堂教学环境发生了巨大的变化，教师的知识、权威、课堂地位等均发生了改变，教师不应再扮演传统课堂中的讲授者和管理者，而是应转变为课堂的设计者和学生的陪伴者和激励者；学生则不再被动地接受知识，而应在课外通过自己的探究来构建自己的学习经验，再通过课堂的测验和讨论将其巩固和内化为自己的知识。其次体现在师生的双主体性上。在"互联网＋"时代，教师不再以施教者的身份成为教学活动的主体，而是和学生一样都是知识的学习者，高职教师既要扮演好学生学习引导者的角色，帮助学生利用互联网技术，使其主动学习行为常态化，又要及时转换角色，扮演好自身"学习者"的角色。而学生同样是教学活动的主体，他们对知识的学习和管理完全依靠自我，依靠与他人的交流和互动来完成。因此就需要构建一个能满足高职学生发展和适应"互联网＋"时代要求的"智能学习环境"。①

（九）完善课程教学评价系统

"互联网＋教育"背景下课程教学的效果需要应用科学的评价标准和方法加以评价,为此,要建立和完善互联网课程教学的评价标准和监管机制,运用大数据技术及时反馈学生的学习效果。可以利用智能手机、各种传感器、可穿戴设备等采集各教学环节的数据,将学生的学习行为精确地记录下来。以云计算、物联网和移动互联为支撑的大数据技术的发展,为精准实施课程教学评价提供了有效的技术保障。这一"互联网＋"课程教学评价系统应包含课前、课中、课后三个环节的评价。

1.课前评价

教师在分析学情后发布微课件、微视频、图片、文本、慕课资源等预习内容和预习测试的内容,学生预习并实时反馈预习中遇到的问题,教师及时给予解答。在这个过程中,教师可以实时监测学生整体预习进度和预习结果,及时修正教学设计方案。

2.课中评价

教师使用翻转课堂等形式导入新课内容,学生分享展示自学成果,教师通过创设新情境引导学生开展分组讨论、协作探究式学习,并进行讲解与点评。在这个过程中,教师可以有效评价学生自主学习与合作学习的效果。

3.课后评价

教师依据随堂检测情况,差异化地推送辅导资源和作业,学生完成课后

---

① 魏星星."互联网＋"时代的知识观及其对高职教育改革的启示.教育观察,2018(18):118－119.

作业并及时提交给老师,真正实现因材施教。①

此外,课程教学评价系统还应包括建立应用大数据的课程评价反馈机制。应将学生和教师设置为互为评价的主客体,以真实客观的数据为基础,对"学"和"教"进行双向反馈指导。一方面,教师通过对学生线上学习的时长、次数、学习的具体时间、学习资料搜索和下载的数量、在线话题讨论参与次数、线上作业测验与考试成绩、线下教学出勤情况、线下课堂回答问题情况等大量的学习行为数据进行分析,从而对每位学生做出客观的整体评价。另一方面,利用课程平台的在线交流互动功能,教师定期与学生进行相关问题的讨论研究,并使学生之间也能形成良好的互动,从而达到教学相长的目的,激发和促进师生、生生之间的交流沟通。学生也能够根据学习数据分析的反馈情况,及时了解自己学习上的欠缺,师生配合查漏补缺。这一基于客观真实数据的高效化、动态化、过程性的评价反馈机制,有利于提高课程教学的有效性。

(执笔人:章金萍)

---

① 张超."互联网＋教育"背景下智慧课堂精准教学模式的构建与实践——以《Flash 动画制作》课程为例.宿州教育学院学报,2019(6):102－106.

第二章　移动课程的教学内容创新

在移动互联网普及的当下，移动通信已经迈入了 5G 时代。信息技术与教育教学深度融合成为必然趋势，"互联网＋教学"已然成为各高校课堂的主流教学模式。因而，在移动课程中，借助各网络平台通信工具，教师与学生实时互动，将成为最主要的教学手段，移动课程的设计与制作已成为网络时代教育工作者需要掌握的一项新技能。

随着技术的不断进化，移动课程中课堂教学的组织形式在不断改变，前置性教学、先学后教、导学案、学习任务单等教学方法也在不断演进。这些方法都蕴含着提高课堂教学效果、促进学生自主学习、强化教学交互的本质内涵。这既是对互联网时代教育改革与理念嬗变的不断顺应和演进，也是对新兴技术的积极应用，还体现了新兴技术与教育、学习的深度融合。因此，要运用这些教学方法，在移动课程中保持实时互动，对教学内容的选择必须十分慎重。

一、移动课程的教学内容

教学内容是学与教相互作用过程中有意传递的主要信息,一般包括课程标准、教材和课程等。互联网时代,很多课程都进行了教学内容的改革,基于生成性教学思维理念,人们对于教学内容有了新的认识。因此,移动课程的教学内容,演变成了教学过程中同师生发生交互作用、服务于教学目的达成的动态生成的素材及信息。

(一)教学内容分类

教学内容可以分为认知学习类、动作技能类及情感态度类。

1.认知学习类

认知学习是对知识、智力技能和解决问题能力的学习,其特点是知识的获得和应用,可分为言语信息、智力技能和认知策略。

(1)言语信息。是用口头语言或书面语言表达或陈述的事实性知识或事件信息,一般可分为事实、名称、原则和概括。它回答的是"是什么"的问题,能力要求是培养学生进行"记忆"。学习者学习或保持大量的言语信息,有助于智力技能、认知策略的学习。

(2)智力技能。是学习者通过学习获得的使用符号与自己所处环境作用及反应的能力。它回答的是"为什么"和"怎么办"的问题,而能力要求是培养学生理解和运用概念与规则的能力,以及进行逻辑推理的能力。

(3)认知策略。学习者用以支配自己的内部心理加工过程的技能,是可以被用于实现学习者对自己学习行为的修正和调节的技能。

智力技能是运用符号处理事情的能力,即应对外部世界的能力;而认知策略是学习者对学习过程进行自我控制和调节的能力,即处理内部世界的能力。

2.动作技能类

动作技能是一种习得的能力,以它为基础的行为表现反映在身体运动的速度、精确度、力量和连续性上。在学生的学习中,动作技能的学习往往和认知学习交织在一起。

动作技能包括两部分:一是如何描述进行动作的规则,即动作的程序;二是因练习与反馈逐渐变得精确和连贯的实际肌肉运动。

3.情感态度类

态度是通过学习形成的影响个体对人、对物、对事的行为的复杂的内部状态,它带有情感和行动,而不需要很多知识的参与。态度是一种习得的内部状态,它影响个人对某些事情如何采取行动的选择。态度包括认知、情感和行为倾向三个部分,核心是情感。我国的教育方针中,德育教育、思政教育即包含在态度教育中。

(二)移动课程教学内容特征

与传统的教学内容相比较,过去传统的教学内容只是单纯的课本知识。而移动课程利用了互联网信息手段后,可对各种素材进行加工。利用各种信息技术将过去静态的、二维的学习内容转变为由声音、文字、动画、图像等构成的动态的、三维甚至四维的立体教学点。互联网教学的运用,又可以将教学内容从书本拓展到社会的方方面面。

传统的教学内容设计从根本上说,是以教师为中心、以如何"教"为中心而发展设计的,传统的教学方式只强调教师的"教",而忽略学生的"学"。按照这样的教学理论设计的课堂教学内容,学生教学活动参与度较低,大部分时间处于被动状态,学生的主动性、积极性很难发挥,不利于创新型人才的培养。

而移动课程的教学内容,不拘泥于书本教材,借助互联网资源,主要开展合作学习、研究性学习等,教师在教学中是主导,是帮助者、引导者、促进者、合伙人,学生则是学习的主体。强调关系平等、民主,这样的教学内容设计大大提高了学生的参与度,使学生积极主动地参加到学习的过程中去,从而有利于培养学生的创新精神和实践能力。

移动课程以手机、电脑(包括平板电脑)为载体,突破了学习环境、地点限制,学习者可以随时随地学习,既方便又快捷。因此,在内容的选择上,需要结合教学目标,分层分类删选。

(三)移动课程教学内容创新

移动课程的教学内容应以何种方式、类型呈现,达到最佳效果呢? 根据多年在线课程经验总结,我们认为在网络公众平台上,移动课程的教学内容应以视频为主、图文为辅的方式呈现。在互联网环境下,学习者在利用各平台进行移动课程学习时,并不是随时都处在无线网络环境中。由于在移动设备上进行视频学习、连线直播等教学活动,均会消耗较大的数据流量,因此在设计公众平台上的移动课程内容时,最好配以适合学习者在非无线网络环境下能进行观看的移动学习教学资源。因此,在教学内容上,移动课程可采用以下方式。

1.分割教学内容

根据课程的目标和内容分析的结果,以模块化教学设计方法为指导,通过课前学情分析,对教学对象进行初步了解,移动课程的前端分析可以首先确定每次课的教学内容。根据移动课程"短小精悍""碎片化""实时交互""轻松愉悦"等特点,对整体教学内容进行分割,即根据移动课程设的最小粒度原则对课程主题进行分割,直至分割到不可再分的最小粒度"学习对象"。

在移动课程的网络平台上,一个"学习对象"就是一个完整独立的移动课程。按照教学内容的分类,选定要设计的教学对象。

这些学习对象就代表了一个个教学模块,在规划设计移动课程的教学内容时,需要考虑学习者需要掌握什么知识、以怎么样的逻辑来讲解,学习者更容易理解和掌握。

2.确定教学子目标

目标可以描述具体的行为,为教学评价提供科学依据。以布卢姆的教育目标分类理论为框架,对每个独立的"话题"进行教学内容分解。将学习对象分解为若干个子项目,每个项目中包含需要学习者所掌握的知识点,并通过知道、理解、应用、分析、综合和评价等手段,一一实现教学目标,如表 2-1 所示。

表 2-1　移动课程网络平台教学内容支持系统设计模板

话题	学习对象	知识点	目标层次认知	知道	理解	应用	分析	综合	评价
话题1/单元名称	学习对象1/节名称	知识点1	教学目标1						
			教学目标2						
			……						
		知识点2	教学目标1						
			教学目标2						
			……						
	学习对象2/节名称								

教学子目标是对整体知识点的划分和设计。在分析课程教学目标和学习者特征的基础上，进一步明确教学子目标，依据教学子目标确定知识点内容，从而将课程内容分解为一系列的知识单元或知识点。

二、移动课程教学内容视频设计

移动课程教学内容包含的视频主要体现在微课和视频课中。

（一）微课

微课作为互联网时代一种全新的数字化学习资源和课程教学的载体，由于其制作技术简单、表现形式多样、类型数量丰富、应用面广、使用灵活、效果良好等诸多特点，受到了广大学习者的欢迎，因此网络公众平台上的移动课程内容应以微课为主。

1.微课的定义

微课是指运用信息技术，按照认知规律，呈现碎片化学习内容、过程及扩展素材的结构化数字资源。微课的核心组成内容是课堂教学视频（课例片段），同时还包含与该教学主题相关的教学设计、素材课件、教学反思、练习测试及学生反馈、教师点评等辅助性教学资源。它们以一定的组织关系和呈现方式共同"营造"了一个半结构化、主题式的资源单元应用"小环境"。

因此，微课既有别于传统单一资源类型的教学课例、教学课件、教学设计、教学反思等教学资源，又是在其基础上继承和发展起来的一种新型教学资源。在移动课程中，微课是最主要的教学手段和方式。

2.微课的特点

学习者在移动的环境下进行学习是非常易受外界干扰的,因此在进行公众平台的移动课程内容设计时可以依据微课短小精悍的特点,让学习者能在短时间内完成学习。微课有以下特点。

(1)教学时间较短。教学视频是微课的核心组成内容。根据学习者的认知特点和学习规律,微课的时长一般为5~8分钟,最长不宜超过10分钟。因此,相对于传统的40分钟或45分钟一节课的教学课例来说,微课可以被称为"课例片段"或"微课例"。

(2)教学内容较少。相对于较宽泛的传统课堂,微课的问题聚集,主题突出,更适合教师的需要。微课主要是为了突出课堂教学中某个学科知识点(如教学中重点、难点、疑点内容)的教学,或是反映课堂中某个教学环节、教学主题的教与学活动。相对于传统一节课要完成的复杂众多的教学内容,微课的内容更加精简,因此又可以被称为"微课堂"。

(3)资源容量较小。从大小上来说,微课视频及配套辅助资源的总容量一般在几十兆左右,视频格式须是支持网络在线播放的流媒体格式(如 rm、wmv、flv 等),师生可流畅地在线观摩课例,查看教案、课件等辅助资源,也可灵活方便地将其下载保存到终端设备(如笔记本电脑、平板电脑、手机等)上,实现移动学习、泛在学习,非常适合教师的观摩、评课、反思和研究。

(4)资源使用方便。微课选取的教学内容一般要求主题突出、指向明确、相对完整。它以教学视频片段为主线,"统整"教学设计(包括教案或学案)、课堂教学时使用到的多媒体素材和课件、教师课后的教学反思、学生的反馈意见及学科专家的文字点评等相关教学资源,构成了一个主题鲜明、类型多样、结构紧凑的"主题单元资源包",营造了一个真实的"微教学资源环境"。这使得微课资源具有视频教学案例的特征。广大教师和学生在这种真实的、具体的、典型案例化的教与学情境中可实现对"隐性知识""默会知识"等知识的学习,并实现教学观念、技能、风格的模仿、迁移和提升,从而迅速提升教师的课堂教学水平,促进教师的专业成长,提高学生的学业水平。就学校教育而言,微课不仅成为教师和学生的重要教育资源,而且也构成了学校教育教学模式改革的基础。

(5)主题突出,内容具体。一个微课程就一个主题,或者说一个课程一个事。研究的问题来源于教育教学具体实践中的具体问题:或是生活思考,或是教学反思,或是难点突破,或是重点强调,或是学习策略、教学方法、教育教学观点等具体的、真实的、自己或与同伴可以解决的问题。

(6)草根研究,趣味创作。正因为课程内容少,所以人人都可以成为课程的研发者;正因为课程的使用对象主要是教师和学生,课程研发的目的是将教学内容、教学目标、教学手段紧密地联系起来,是"为了教学、在教学中、通过教学",而不是去验证理论、推演理论,所以,微课的教学内容决定了研发内容一定是教师自己熟悉的、感兴趣的、有能力解决的问题。

(7)成果简化,多样传播。因为微课的内容具体、主题突出,所以研究内容容易表达,研究成果容易简化;因为课程容量小、用时简短,所以传播形式多样(网上视频、手机传播、社交媒体讨论等)。

(8)反馈及时,针对性强。由于在较短的时间内集中开展"无生上课"活动,参加者能及时听到他人对自己教学行为的评价,获得反馈信息。较之常态的听课、评课活动,"现炒现卖",具有即时性。由于是课前的组内"预演",人人参与,互相学习,互相帮助,共同提高,在一定程度上减轻了教师的心理压力,不会担心教学"失败",不会顾虑评价"得罪人",较之常态的评课就会更加客观。

3.微课教学设计基本流程

移动课程微课设计的基本流程如图2-1所示。

(1)开通平台。填写平台信息与课程资料,引导学习者进行微型移动课程的学习。

（2）关注平台。学习者可以通过查看公众账号、网络地址链接或是扫二维码的方式关注公众平台。

（3）编写脚本。根据学情分析、教学大纲、教学目的等编制课程内容的脚本。

（4）搜集素材。根据脚本中的内容准备相关素材。

（5）制作课程。选择适用的教学策略，进行微课程中视频与图文的开发。

（6）上传课程。把制作完成的视频与图文上传至公众平台，界面的排版要赏心悦目。

（7）预览课程。把课程信息以"预览"的形式发布在手机中进行界面适应性测试与审核。

（8）推送课程。确认无误地把公众平台中的移动微课推送给学习者。

（9）数据分析。公众平台中精确的数据分析功能，可以对课程进行评价，如通过转发分享次数判断课程的受欢迎程度，以便调整改进后续课程的开发。

（10）回复反馈。当课程发布后，课程开发者可以在后台中与学习者进行互动交流，提供相应的学习指导与支持。

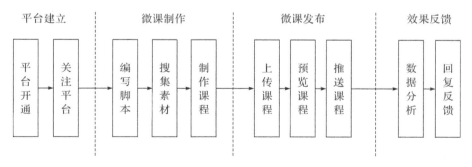

图 2-1　移动课程微课设计基本流程

4.微课内容设计

(1)设计一个好标题

俗话说:读书读皮,看报看题,说的是标题对一篇文章价值的重要性。研究表明:绝大部分用户正式学习微课内容之前首先是通过其标题来进行取舍与判断的。好的微课标题会让人眼前一亮,先声夺人,能吸引学习者的好奇心,激发其求知欲。

微课内容"短小精悍",故标题也应"短小精准":微课标题字数不宜太多,宜简明扼要(短);反映的内容主题要小,不要宽泛模糊(小);标题文字精练、概括性好(精);教学目标与适用对象等要定位准确(准)。

此外,为了符合移动课程在线学习的规律和要求,微课标题名称要有新意和特色:或能表现主题,或能概括特点,或能激发兴趣,或有目标愿景,或能进行方法比较,等等。

标题的表述方式尽量多样化,除最常见的陈述句式外,可以适当采用:

①疑问句标题,让学生产生好奇心,激发求知欲;

②"大标题+小标题"或"主标题+副标题"的微课标题,适合系列化专题型的微课,有利于构建微课知识体系;

③结合当前时事热点,适当引入网络新名词作为微课标题。

总之,微课标题要做到:准确表达、就实避虚,浓缩精华、抓住要点,生动传神、抓住眼球。

(2)配置完整资源

微课不等于微视频,也不同于课例片断,更不是浓缩课。微课是一个简短而又相对完整的教与学活动中,多种资源构成的有机整体。微课主要以微视频为核心载体,还包括与微课主题配套的辅助学习资源,如微课学习指南(任务单)、微教案、微课件、微练习(思考题)等。我们可以形象地称之为微课构成的"非常4+1",它们构成一个相对完整的微课。

因此,进行微课设计不仅要制作好微课教学视频,还要设计好教师开展微课教学的"微教案""微课件""微练习"等资源,以及学生利用微课进行高效学习的"微课学习指南"(任务单)。这五部分资源就把微课的建设环节与应用环节有机联系起来,既提升了微课开发的品质,又促进了学生利用微课的学习活动开展。

(3)突出交互设计

不同于传统线下的"面对面"班级教学,教与学的"时空分离"是微课设计与应用的一大特色。即"教"的环节一般由教师提前录制成微课,"学"的环节由学生在课前课后等碎片化时间自主选择、个性化学习。

由于许多微课中没有教师或学生"出镜",只有教学内容的呈现、分析与讲解,教学过程"只闻其声,不见其人"(缺少学习伙伴),学生对微课的学习更多只是视频的单向播放,缺少提问、思考、练习、动手、探究、分享等必要的教学互动环节,学习氛围不佳,容易导致微课学习流于形式化和浅层化。因此,微课教学的交互设计显得非常重要,通常可以通过显性交互和隐性交互两种形式开展教学互动。

①显性交互。显性交互的教学内容设置得直观易见。如在微课视频后期通过技术手段增加微课的暂停、跳转、测试、讨论等功能按钮,让学生自主选择教学内容。

②隐性交互。隐性交互设计的教学内容往往是一些有特色的教学活动。教学内容不宜照本宣科、平铺直叙,应将内容先转化成不同层次的教学问题,并在适当时机提出,让学生产生认知冲突与好奇心,引导学生自主思考。如在视频中设置暂停键,教师布置一些练习或任务,让学生进行巩固或动手参与活动;课后布置拓展性练习或思考题,让学生参与讨论,给学有余力的学生课后继续深化和探究的机会,实现微课线上学习与线下学习相结合。

在微课教学过程中有些不需要老师讲的教学内容(讲太多会占用微课

教学时间)、学习拓展资料、交互在线测试题("问卷星"设计)或教师本人的信息、课程简介等内容,可以用二维码链接的方式呈现在微课屏幕上,让学生使用移动端(手机、平板电脑)扫一扫功能进行多样化、自主性、个性化的多重有效交互学习。

(4)创设情景

创设情景是传统课堂教学的一大法宝,教学情景是有效提升微课可视化学习效果的主要手段。有人认为微课时间有限,应该直接进入主题,专注于内容的讲授,营造教学情景是多余的环节。

微课虽短,时间有限,但仍具有一定的教学环节,只是各环节有详有略,因此教学结构仍然要相对完整。微课作为一个以视听交互为基础的可视化学习资源,创设教学情景是一个常见而又有效的教学策略。对微课教学内容进行情景化设计,能够激发学生学习兴趣,建立新旧知识的连接,引起好奇心并形成认知冲突,为重、难点知识的学习做铺垫,达到"随风潜入夜,润物细无声"的效果。否则,如果没有这些情景的铺垫,而是直接进入重点知识与技能的单纯讲解与分析演示(即微课中的"满堂灌"),学生就会觉得枯燥、无趣。

创设微课情景时要注意以下事项:

①营造的教学情景宜简短,一般就几十秒,最多2分钟,拖沓冗长会破坏微课的教学结构,显得"头重脚轻""主重不分";

②情景要与主题紧密相关,要能说明问题,起到画龙点睛的作用;

③情景类型尽量多样化,可以是故事、案例、问题、动画、活动等;

④情景要有一定的新颖性与趣味性,让学生产生好奇心;

⑤情景出现时机要灵活,要根据教学需要灵活创设,而不应拘泥于仅在开始或导入环节出现。

(5)精准"一对一"

移动课程的微课不同于传统的课堂教学,微课的"微"特性决定它在内容选择、授课环境、适用对象和使用方式等更多具有简短、小众、个性的特点。微课的简短性、多样性、层次性非常吻合"因材施教""有教无类"的教学理念。因此,微课教学与学习如何精准服务于每位学生个体,即"一对一"的学习需求与体验更为重要。

①教学语言表达方式"一对一"。微课教学语言有别于班级课堂的"一对多"的大众教学语言,要体现个性化、一对一的学习氛围,可以把"大家好""同学们好"等问候语改变成"小伙伴们好""同学你好"等个性化亲切的语言。语言要生动形象,态度要真切诚恳。

②语速适当加快。因为微课需要在较短的时间内讲清、讲透一个重要的内容,因此教学语速必须偏快些。相关研究也表明:语言节奏偏快的教师,往往音量较高、感情饱满,这样的移动课程更能吸引学生的注意力,学生愿意随着老师的讲解、提示、演示去分析学习内容并进行同步的互动思考。因此,语速偏快的微课可以在一定程度上弥补"老师不出镜"类型微课学习氛围不浓的不足。

③使用网络用语,增加趣味性。目前大多数微课以讲授类型为主,授课方式基本上是把"教室里老师讲、学生被动听"的模式改头换面为微课里"老师还在喋喋不休地讲,学生只能被动无奈地听",学习活动单调、低效。因此,在移动课程的微课教学过程中,适当引用网络用语,结合一些"网红段子",学会幽默和风趣,可以营造良好的微课教学气氛,提高学生的兴趣与参与度,教学效果将大不一样。

④精确分配时间。微课除了总体时间必须控制,各部分教学内容环节的时间分配也要精细规划、科学合理,要体现微课教学过程的详略得当、过程连贯、结构完整。一是要精心设计脚本。要将微课教学设计(教案)改造成微课录制的脚本,对教学环节、内容、活动等进行精确的时间控制。二是要充分准备。正式录制微课前多次练习、反复演练,务求教学过程主线清晰、语言精练、详略得当、环节完整。三是要精心剪辑。还需要对微课视频

进行必要的后期编辑,剪辑多余的空白时间和讲错的教学环节,让视频更精简。

(6)上传平台

目前微课更多是碎片化的"线下微课",很多教师并不会主动去使用微课,更多的是将其放在电脑硬盘、U盘或网盘文件中,偶尔将其应用于课堂辅助教学或课前预习,微课的共享易用性体现得不够。在移动互联时代,移动课程的出现,将"线下微课"资源重新整合、优化设计、改造利用,按照各平台逻辑结构和组织方式发布,供用户在线访问、浏览、观看、练习、评论、反馈,营造一个完整的微课学习生态环境,形成应用面更广的移动课堂。

随着"互联网+教育"的迅猛发展,移动课程因其应用方式灵活、传播范围广泛、利用效率更高等特点,可以满足"人人皆学、处处能学、时时可学"的需求,逐渐成为微课开发与应用的主阵地。

(二)视频课

1.视频课定义

移动课程中的视频学习资源统称为视频课,其形象生动、直观有趣的特点能激起学习者的学习兴趣。建议以微视频与图文相结合的形式,进行移动课程内容的设计和开发。同时微视频中的画面与教师的配音同步,并配以文字说明,减轻学习者在信息处理上的负担,使学习更轻松。视频的播放方式还可以使学习者能够自己调控学习进度,跳转到相应的知识点进行学习。

视频课与微课的最大区别在于时间长、容量大、制作难度高(需专业人士配合拍摄)。

2.视频课种类

教学中使用的视频课种类繁多,目前主要有电子交互白板类、视频录制类、动画制作类、PPT 录制类、手绘卡片制作类等这几种形式的教学类视频课。

3.视频课内容

(1)选择工具

①电子交互白板类视频。主要用绘图板、画图软件和录屏软件进行课程的录制。其特点是:教师边讲解边在手写板上演示教学的全过程,教学过程直观明了。教学视频的画面并不精良,主讲人可以自主选择是否出现在画面中,对学习者进行引导。

②视频录制类视频。主要是通过摄像机录制课堂教学,使用视频编辑软件进行后期编辑。其特点是:课堂实录类视频对教学课堂实现了高还原度。一般为教师课堂教学实录,学习者在学习时更容易进入"上课"的情境中。

③动画制作类视频。通常使用动画视频制作软件制作,此类视频大多由专业公司策划与制作,并配有生动风趣的解说词,以动画形式来讲解一个知识点,其画面活泼、形象生动,具有趣味性,易调动学习者的观看兴趣。

④PPT 录制类视频。这是最常见的视频课形式,通常用录屏软件进行制作,此类视频制作较为便捷、快速、灵活。

⑤手绘卡片制作类视频。主要使用卡片纸、彩笔、照相机、视频编辑软件、PPT 等进行制作。视频中的每帧都需要进行拍摄,制作的工作量大,其特点是形式新颖、形象有趣。

(2)制作拍摄脚本

视频课拍摄之前要依据学情分析、教学目标、教学内容等选择最佳的拍摄内容,因此在制作视频前需进行相应的脚本设计。

制作脚本是在学习内容分析的基础上,依据教育理论和教学设计思想,将文字脚本改编成适于网络视频表现的形式,完成交互界面的设计和媒体表现方式的设计。

其中对于场景的描述是视频中主要的内容,在脚本中场景的编号、内容、画面中的位置、进入和退出的动画效果、解说词都应该明确清晰。一份详细的视频制作脚本有助于进行视频制作与开发,如表2-2所示。

表 2-2　移动课程视频课制作脚本模板

课程编号	如第一章第一节（C1L1）	课程名称	请填写课程的名称					
视频类型	□电子交互白板类　□动画制作类　□视频录制类　□PPT 录制类　□手绘卡片制作类　□其他_____							
画面编号	知识点	画面/场景布局示意图	动画说明	教学策略	解说词	音乐	时长	
1								
2								

(3)进行拍摄

心理学实验研究发现,单位时间内学习者的注意力保持程度会呈现一定的起伏,而注意力的保持程度会直接影响短时记忆和长时记忆的结果。在"首因—近因"效应中,学习者对最早出现的刺激记忆效果最好,其次是最后出现的刺激。可见,教学的导入部分与总结这两个环节是注意力保持程度较高的。

因此视频课可以采用"总、分、总"结构,即由导入、展开单元教学和总结三个部分组成。"总、分、总"内容结构有利于吸引学习者对核心主体内容的注意,激发学习者学习动机,使学习者的思维、注意力聚焦。

①开场白导入。有效的开场白导入是移动课程视频课在知识内容方面吸引学习者短时注意力的策略之一。开场白导入是视频课的重要内容,它直接决定着是否能引起学习者的短时注意力及学习者继续学习的意愿。根据教学微视频的时长较短的特点,开场内容需要精辟简练,例如陈述介绍课程总括性内容,开展简短的互动练习或者测试,提出挑战性或能引起认知冲突和矛盾的意义性问题,展示学习预期及结束时所能达到的目标和产生的学习效果,采用与知识内容相关的故事等。

②在进行开场白导入后,一般情况下的主题内容展开部分可以有多种结构,比如:

时间顺序结构。即按时间顺序直线式地展示内容。此种结构符合人们的认知经验,容易理解和记忆;

空间顺序结构。主要按空间位置或其他属性展示内容。例如,在介绍人体部位和功能的微视频中,可以采用此种方式;

扩展结构。有些事物的运动状态与规律应采取逐步扩展的方法去介绍,才能使学习者获得完整的知识;

螺旋上升结构。这种结构与扩展结构的不同之处是它在螺旋循环过程中知识有重复,但又必须在原有的基础上将其提高到一个新的高度。

因此,可以根据知识内容的性质采用合理的知识展开结构。

③总结。总结可以帮助学习者整体了解知识内容框架和主题。同时,亦可通过启发性的问题促进学习者进一步思考和探究。总结可以采用提问、内容总结,以及提示后续知识点内容、提供练习等方式进行。其中,提问包括与知识主题相关的开放性的问题、对知识主题内容进行复习和巩固性的问题等。

三、移动课程教学内容图文设计

在公众平台中的移动课程需配有相应的图文类学习资源来支持微课、视频课中的教学内容。图文类学习资源移动数据流量消耗低、呈现方式快、分享复制便捷的特点更能迎合学习者在非无线网络环境中进行学习的需求。

(一)图文设计的重要性

由于移动课程具有移动性、交互性、微小性的特点,在设计移动课程内容时可以适当配以图文类的学习资源,其作用是对视频资源的支持与补充。学生教学活动的设计也可以通过图文的形式呈现,所占储存空间较小,便于学习者在非无线网络环境下进行学习。

(二)图文设计的内容

1.图文资源脚本设计

在网络平台中,图文的排版是从上至下竖直显示的。在图文类学习资源中呈现的图片可以配有文字说明,也可以没有文字说明,两者并不是一对一的关系。根据需要添加的文字说明,如表2-3所示。

表 2-3　移动课程图文资源脚本设计模板

课程编号	如第一章第一节（C1L1）	课程名称	请填写课程的名称
编号	图片		说明文字
封面图片	此处放入与文字相符的图片		请填写在公众平台中需要呈现的文字
内页 1			

2.学习测评设计

（1）学习测评定义

基于网络公众平台的移动课程中的学习测评是指在课程结束之后对学习者进行形成性评价。建构主义理论认为,在教学过程中要注重对学习者的学习过程进行分析与评价。形成性评价就是对学习者的学习效果进行跟踪和反馈,及时发现问题,以便学习者针对薄弱的环节进行再次学习,使课程开发者可以对评价效果进行分析并对后续的课程设计做出相应的调整。

（2）学习测评内容

公众平台的移动课程是以学习者为中心的,学习者大多在极易被干扰的环境下且在短时间进行学习,因此,在设计与知识点相应的测试题时应注重有趣、简洁、反馈及时的特点。值得注意的是,测试题的编写应该与知识点的学习层级相符。学习测评的模板,如表 2-4 所示。

表 2-4　移动课程学习测评设计模板

课程编号	如第一章第一节（C1L1）	课程名称	请填写课程的名称	
话题	学习对象	知识点	试题类型	测试题

续　表

课程编号	如第一章第一节(C1L1)	课程名称	请填写课程的名称	
话题1/ 单元名称	学习对象1/节名称	知识点1	选择题/问答题/……	测试题1
		知识点2		测试题2
	学习对象2/节名称	知识点1		测试题1

3.学习支持服务设计

(1)学习支持的重要性

移动课程学习时,学习者与教学设计者并不是同步的。为了帮助和指导学习者进行自主学习、激发他们的学习动机,所提供的一切支持都可被称为"学习支持服务"。随着学习分析、大数据、云计算等新技术的不断涌现,对学习支持服务的研究已逐步发展至整个在线教育领域。[1] 学习支持可以向学习者提供持续关注,提供相关学习辅助资源,帮助指导移动环境中的学习者,以满足学习者的需求。同时,通过对学习支持服务的设计,学习者能在移动情境下利用便携设备来学习,掌握自主学习和独立解决问题的能力。

(2)学习支持的类别

移动课程学习中主要有信息咨询等学习方法的支持、混合式学习体验的支持、学习情感支持等三大类学习支持。

①信息咨询支持。发布或提供相关教学咨询信息,供学习者查阅课程目录;提供关于如何使用公众平台进行移动微课学习的操作方法,使学习者通过移动设备更高效地学习。

---

[1]　白倩,张舒予,沈书生.面向混合学习的学习支持服务体系设计与实践[J].中国电化教育,2018(08):107-115.

②学习体验支持。优化学习者的学习体验,对公众平台进行优化与更新,支持多种获取辅助学习材料的渠道。公众平台可接入外部平台或微社区,以供学习者进行交流互动活动。

③学习情感支持。帮助学习者缓解压力,消除学习者使用移动设备学习时的孤独与无助感,提高学习者的满意度与自信心。

(3)实现学习支持的途径

实现学习支持的途径很多,如:在移动课程各个网络公众平台的后台中设置关键字,学员可进行自助查询;利用云存储存放相关资料,供学习者下载;通过网络社交媒体进行多对多的交流,形成学习共同体;借助其他平台,如 QQ、钉钉、微博、微信等工具进行作业的展示与互动;开通公众平台自定义菜单,设置清晰明了的导航等。教学者在后台中应及时对学习者提出的问题进行反馈与回复,给予学习者情感上的共鸣。学习支持系统的模板设计如表 2-5 所示。

表 2-5　移动课程学习平台中学习支持系统设计模板

课程编号	如第一章第一节(C1L1)	课程名称	请填写课程的名称
学习支持类型	学习支持设计策略	学习支持资源	

4.学习活动设计

移动课程教学内容的学习活动设计也应该是微型化与简单化的,便于学习者在移动的情境下完成"微型"活动,学习者能通过学习互动活动来进行自我导向的学习。根据学习对象的数量进行学习活动的分类,主要有一对一互动和多对多互动。

（1）一对一互动

一对一互动中包括学习者与公众平台的自助式互动和学习者与课程教师之间的互动。学习者与公众平台的自助式互动指的是学习者可以输入后台中设定的关键词来进行自主学习活动的开展，其特点是反馈及时，但在后台自动回复的关键词设置工作量大，智能化程度较低。一对一互动的另一种形式为学习者与课程教师之间的互动，即学习者与后台中的教师进行一对一的人与人之间的互动。其特点是灵活度高，可以帮助学习者解答个性化问题。由于教师不能随时在线，无法做到及时反馈，则是此种互动形式的不足之处。

（2）多对多互动。在网络社交媒体中可以形成多对多的互动。在公众平台接入微社区之后，可以形成一个学习共同体，给学习者提供广阔的学习交流空间，从一对一的私密性转向多与多的交流互动。

课程设计者可以通过以上两类学习活动类型进行学习活动设计。设计学习活动时要在充分考虑此活动特质的基础上，选择相对应的学习活动设计的类型及载体。例如，我们可以利用微信公众平台来设计一对一和多对多的互动活动，如表 2-6 所示。

表 2-6　微信公众平台中学习活动设计模板

课程编号	如第一章第一节（C1L1）	课程名称
知识点 1	一对一互动	
知识点 2	多对多互动	

四、移动课程教学内容数字化资源建设

互联网催生了移动课程这种新型教学模式,学习者通过互联网可以学习各种丰富的在线课程。因而,近年来,教育信息资源建设观念从早期重点辅助教师的"教"转变为关注学习者的"学"。相应地,资源库的形态由重技术开发型、实体化的课堂教学资源库向互动生成型、虚拟化的智慧资源库转变,首当其冲的就是教材,尤其是电子教材的创新。

(一)新形态教材建设

教材是有效实施课程教学的必备手段,是教学内容的载体,是联结教与学的纽带,是教学理念的物化,是课程教学目标的具体体现,也是教师教什么、怎么教,学生学什么、怎么学的依据。在教育信息化背景下,仅以纸质教材为媒介的课堂教学内容载体已不能适应当前的教育需要,纸质教材变革为数字化、一体化的新形态教材成为必然。

1.新形态教材的优势

新形态教材基于移动互联网技术,通过二维码或增值服务码将纸质教材、在线课程网站和教学资源库的线上线下教育资源有机衔接起来。与传统纸质教材相比,具有以下几个优势。

(1)表现形式更丰富。传统教材只表现出静态的图文,一般使用单色或双色印刷,主要为课程教学提供相应内容。限于传播知识的介质载体、篇幅和表现形式的影响,很多教学资源无法在纸质教材上呈现。新形态教材可以将在线课程或教学资源库中的学习目标、重点难点、微视频、教学案例、讨论题、随堂在线测试、作业、多媒体课件、试题库、案例库、实验/实训/实习、拓展资料等内容通过二维码嵌入纸质书中。学习者通过手机或其他移动设备扫描二维码，就可以将线上线下学习资料瞬间衔接起来。例如，微电影作为大学生喜闻乐见的一种艺术形式，可以通过二维码的形式在教材的相应内容中呈现，不仅有力推进了新媒体技术与教材的有机融合，更调动了学生学习的主动性和创造性，使教材的内容更加入眼入耳、入脑入心。

（2）内容更新及时便捷。在"互联网＋"背景下，一是新媒体自身发展很快，二是借助于新媒体，知识的更新十分快捷，信息传播速度也很快，实现了更快更高效的传播。在当今这个时代，人们对信息的需求越来越高，需要及时掌握最新的知识，但传统纸质教材需要进行排版、装订等，出版周期较长，成本也高，内容更新需要一定周期，这就可能影响教学的效果，甚至出现学生还未毕业，所学知识已经过时的窘境。而新形态教材在互联网技术的支持下，可以通过网络链接实现课程内容、教学辅助资料、相关知识的拓展延伸练习等的及时、便捷和有效更新，既丰富了教学内容，又拓宽了学生的知识面，还能确保新理论、新政策、新知识、新技巧、新方法等在第一时间传达到教师和学习者手中，为教师的教和学习者的学提供丰富的资源。通过新形态教材，教师可以随时更新在线课程和资源库的内容，这样学习者扫描二维码看到的也是最新的教学资源。

（3）可以随时随地学习。新形态教材是集纸质教材、App、网站平台等于一体的教材，可以支持各种终端的阅读，既给学习者提供诸多方便，也能培养和锻炼学习者自主学习的能力，突破了传统的上课形式及地点的限制，拓展了教学时空，使学习者实现多样化的学习。在线课堂网站和教学资源库，不仅有PC端，还有移动端，学习者可以随时了解丰富的内容和最新的学科及产业发展前沿，还可以通过在线测试，随时检验学习效果，通过在线留言功能，增强师生互动。新形态教材操作的便利性，使学习者可以自由选择自己感兴趣的内容，实现个性化学习，在所学知识的不断更新中制定更高的学习目标，实现更高层次的自我提高与跃升。

（4）促进教学教改。移动课程的新形态教材建设，不仅有助于学习者自学和预习，也有利于教师实行个性化教学设计，采用混合式教学、翻转课堂和探究式学习等教学方法，更有利于应用型人才的培养。新形态教材的最大优势就是可以随时对数字化内容进行更新、优化和扩展。为完成这个目标，教师既需要对扩展和变更的内容有足够的了解，也需要掌握多媒体操作技术。新形态教材的设计包括构建和更新多种媒体资源，这需要通过技术手段处理和加工，以便与教学内容衔接。因此，教师在课程初期阶段就需要深度参与，整理相关知识点，探讨不同教材的不同知识点需要配套采用的资源类型、脚本编写、技术实施方案等。

2.新形态教材的编写

（1）融合课程思政

新形态教材的撰写应始终坚持正确的政治方向和价值导向，弘扬社会主义核心价值观，注重教材的思想政治教育、心理健康教育等功能，合理融入课程思政内容。

（2）项目化教学贯穿始终

高职的课程应强调实践性，教学内容的设计以项目化为主线，根据职业岗位的具体要求，把职业领域的各种技能和工作过程与所学课程联系起来，把典型的工作任务作为课程的主体内容，并与国家有关职业资格证书考核内容衔接，满足行业对人才的需求，因此，在教材编写时也应将项目化教学的理念贯穿在新形态教材中。按照项目的难易程度编排教材的顺序，项目间互为独立，一个项目占有一定的篇幅。具体安排如下：首先，每个项目首先出现的是项目的名称，然后是空白横线，画空白横线的目的是让学习者自行书写项目的起源、适用范围及该如何操作项目；其次，在该页面设置二维码，学习者通过扫码获取项目操作的音频、视频等相关信息；再次，从第二页开始设计项目的技术要领、操作流程和规范、注意事项、突发情况的处理，此页也应设计一个二维码,学习者通过扫码获取课件等学习资料;项目最后是学习者操作项目的自我总结和反思,以及安全注意事项。每个项目的编排均按照如此顺序,这就是"活页教材+活页笔记"。[①]

(3)教材数字化与信息化

信息技术与教材的有效整合已经成为必然趋势,通过各种多媒体技术,如动画、音频、视频和动态图片等,对纸质内容实施数字化处理,使之适用于各类电子终端的移动学习。

例如:教材每个项目开始时,页面右下角可设置二维码,学习者通过扫码,获取项目的操作音频、视频、动画等短而小的影像信息;之后开始学习项目的技术要领、操作流程和规范、注意事项、突发情况的处理等;也可以设置二维码,学习者通过扫码获取相关课件;项目最后是学习者操作项目的自我总结和反思及安全注意事项等。

(4)活页式、工作手册式为其表现形式

与装订好的书本相比,活页教材使用灵活,方便整理,纸张可随意拆卸、更换、组合,学习者可用于书写笔记、体会,还可以根据自己的喜好进行 DIY。

活页式教材作为新形态教材的直观表现形式,将"活页教材+活页笔记+活页个人总结+活页项目创新"合而为一,学习者可以按照实际需要组合各个项目,进行教材重组排序,按照活页教材进行流程规范操作,这将提高学习者的学习效率。

(5)校企合作的编写团队

高职院校的新形态教材的编写团队应为高职院校教师和行业企业专家学者,由行业企业提供真实的案例辅助教学,提供真实的工作环境、教学影

---

① 张华.高职院校体育类新形态教材建设探析[J].当代体育科技,2019(35):82—83.

片,校内教师和企业专家负责教学内容的组合、教学方法和教学情景模拟的选择等。

(二)资源库建设

1.建设课程资源库

资源库是移动课程教学能实现的重要依据,经过多年建设,很多专业资源库已初步形成了国家、省、校三级互补的优质资源共建共享体系。因此在移动课程教学内容上,可以充分发挥资源库"能学、辅教"功能,积极开展各项线上教学活动。同样,在资源库建设中,移动课程亦可根据不断更新的专业人才培养方案,持续优化专业课程体系,对接国家"1+X"证书和学分建设等新概念,不断更新优质的教学内容和业务培训包。

2.建设优质微视频信息资源系统

借助各学习平台的支持,利用动画、视频、音频等形式,使教学对象和内容"动"起来,具有动态直观、声情并茂、身临其境等特点,给学习者更加丰富的视觉、听觉及心理等体验,更有助于学习者理解教学内容,增强课程教学内容的吸引力和感染力。

这些视频可作为信息化教学的内容资源、翻转课堂的自学资源、个体差异学习和自步调学习的支持性资源等,为学习者提供易用、易得、适用、实用的学习资源,为教师提供优质的教学辅助资源,为移动课程学习模式的创新运用提供有力支持。

移动课程的教学内容创新是对课程进行整合及模块化的划分,而各学习平台则基于数据分析及专业选择,向学习者提供课程选择的集合。[①] 学习

---

① 胡卫红,刘成荫."互联网+"时代教材融合发展与运用的几点思考[J].中国编辑,2019(8):57—61.

者在教师的辅导下,结合课程平台的意见与自身的选择倾向,最终进行移动课程的学习。移动互联网的出现带来移动网和互联网融合发展的新时代,移动网和互联网的融合促使网络和学习终端多层面融合,新媒介工具终端的涌现为碎片化学习提供多样化学习平台。在以学习者、学习资源和媒介为核心的学习活动系统中,三者不再是单向连接交互,移动互联学习环境为学习者提供了多种全面交互通道,真正实现学习活动系统的生态流通。

(执笔人:程淑华)

第三章 移动课程的教学方法创新

教育作为人类特有的社会实践活动，要达到培养人的目的，离不开使用的方法。编撰了《美国高等教育通史》的科恩教授说，教学方法是教育的核心，教育的中心任务不仅在于教什么，更在于怎么教、如何教得更好。教学方法是联系教师、学生和课程内容的桥梁与中介，是教学系统中最具活力的因素之一。教学方法直接影响着学校教育质量，任何教学活动的开展都离不开教学方法。

教学方法伴随着社会的发展而不断发展。进入 21 世纪，信息技术带来的不仅是软件和工具，更是整个时代的颠覆性变革。如今，互联网、人工智能、大数据等信息技术已经改变了人们的社交、工作、生活、学习甚至思维模式。基于教育信息化的移动课程的发展也成为一种必然趋势，这也对教学方法提出了新的要求，尤其是对职业院校来说，教学方法的改革与创新已势在必行。

一、职业教育教学方法及其特点

（一）教学方法及其内涵

1.教学方法的定义

对于教学方法的定义，人们给予了许多不同的解释，常见的有"途径说""方式说""策略说"等多种说法。《教育大辞典》对教学方法有以下两种解释：一种定义是，"教学方法是某种教学理论、原则和方法及其实践的统称，可运用于一切学科和年级"；第二种是，"师生为完成一定教学任务，在共同活动中所采用的教学方式、途径和手段"。① 日本教育学家佐藤正夫认为，教学方法是引导、调节教学过程的最重要的教学法手段，是教学中旨在实现课程所计划的目标和接受一定的教学内容师生必须遵循的原则性的步骤。② 李秉德对教学方法的表述为：教学方法是在教学过程中，老师和学生为实现教学目的、完成教学任务而采取的教与学相互作用的活动方式的总称。③

对教学方法的定义虽然众说纷纭，但是可以看到包含以下几个方面：一是具有明确的目的指向性，为实现教学目标服务；二是具有方法论导向，指实现教学目标所采用的一系列方法的总称；三是教学方法往往表现在一些具体的教学活动中，是教与学的辩证统一体。

---

① 顾明远.教育大辞典（增订合编本）（上）[Z].上海：上海教育出版社，1998：713—714.

② [日]佐藤正夫.教学论原理[M].钟启泉，译.北京：人民教育出版社，1996：242.

③ 李秉德.教学论[M].北京：人民教育出版社，1991：183.

2.教学方法的内涵

教学方法的内涵体现为以下思想和内容。

(1)教学活动具有双边性。教学是教师的教和学生的学相互联系、相互作用的互动性双边活动,体现了师生在教学中活动的相互联系、相互作用和相互统一。

(2)教与学的双边活动是相互联系、相互作用的,是教学活动统一体的两个方面。教与学密切联系,两者不是简单地相加。教师选用的具体教法会对学生的学习方法和学习效果产生直接的影响,而学生的学习状态和接受能力也会反过来影响教师的教法。

(3)教学方法具有结构性。教学方法具有一定的结构,其有组织结构、逻辑结构和时空结构。教学方法本身的构成要素及其组合方式构成了组织结构。而任何一种教学方法都必须遵循一定的逻辑顺序,教学目标就是其逻辑起点,教学任务、教学材料、教学工具等是其逻辑终点,这是其具备逻辑结构的体现。教学方法也是由高低不同、范围不一的一系列方法、方式组成的体系,往往是历史和逻辑的辩证统一,是其具备时空结构的体现。

(4)教学方法是一种活动模式和活动规律。教学方法是对教学工具和教学手段的具体运用,是一种有目的的教学活动,是师生互动的结果。既不能把教学方法简单看作某些教学工具或教学手段的组合,也不能把教学方法看作某种动作。

所以教学方法是教学过程整体结构中的一个重要组成部分,是教学的基本要素之一。它直接关系着教学活动的成败、教学质量的高低,对人才培养有重要意义。

（二）教学方法的类型

1.讲授法

讲授法是教师通过简明、生动的口头语言向学生传授知识、发展学生智力的方法。[①] 它通过叙述、描绘、解释、推论来传递信息、传授知识、阐明概念、论证定律和公式，引导学生分析和认识问题。

2.讨论法

讨论法是在教师的指导下，学生以全班或小组为单位，围绕教材的中心问题，各抒己见，通过讨论或辩论活动，获得知识或巩固知识的一种教学方法。其优点在于，全体学生都参加活动，可以培养合作精神，激发学生的学习兴趣，提高学生学习的独立性。[②]

3.直观演示法

直观演示法是教师在课堂上通过展示各种实物、直观教具或进行示范性实验，让学生通过观察获得感性认识的教学方法。这是一种辅助性教学方法，要和讲授法、谈话法等教学方法结合使用。[③]

4.练习法

练习法是学生在教师的指导下巩固知识、运用知识、形成技能技巧的方法。在教学中，练习法被各科教学广泛采用。[④]

5.读书指导法

读书指导法是教师指导学生通过阅读教科书和课外读物（包括参考

---

① 李秉德.教学论[M].北京：人民教育出版社,1991:188.
② 李秉德.教学论[M].北京：人民教育出版社,1991:190.
③ 李秉德.教学论[M].北京：人民教育出版社,1991:193.
④ 李秉德.教学论[M].北京：人民教育出版社,1991:195.

书),获得知识,养成良好阅读习惯,培养学生自学能力的一种方法。①

6.任务驱动法

任务驱动法是一种以解决问题、教会学生全面思考问题为主要目的的交互式教学方法,这种教学方法能极大地改善传统教学的枯燥以及内容的单一,引导学生自主学习,让学生的综合素质得到全面发展。② 任务驱动法可以以小组为单位进行,也可以以个人为单位进行,可以让学生在完成任务的过程中,培养学生发现问题、分析问题、解决问题的能力,以及独立探索、团结合作的精神。

7.参观教学法

参观教学法是指教师组织或指导学生到现场进行实地观察、研究和学习,使学生通过对实际事物和现象的观察与研究而获得知识的教学方法。实施参观教学法,一般要求学生围绕参观内容事先收集有关资料,现场做好记录,参观结束后写出书面报告,将感性认识升华为理性知识,这样可以使学生巩固已学的理论知识,掌握最新的前沿知识。

8.自主学习法

自主学习法是学生在教师的指导下主动建构的一种学习过程,在这个过程中,学生主动建构的包括元认知、动机和行为三个方面。自主学习法具体包括三个方面的意思:一是学生在学习活动开始之前,对学习目标和计划的制定;二是在学习活动过程中,自主选择学习方法,制定学习进度;三是学习活动结束之后,根据目标和标准对学习结果进行自我评价,并依据学习结果对自己做出奖赏或惩罚。③ 自主学习法可以培养学生的学习习惯和自主

① 李秉德.教学论[M].北京:人民教育出版社,1991:190.
② 沈爱凤,韩学芹.职业技术教育中"任务驱动式"教学模式的探讨与应用[J].职教论坛,2016(2):46—49.
③ 朱丽.如何运用教学方法[M].上海:华东师范大学出版社,2014:77.

学习能力,提升学生的综合素质。自主学习能力的培养可以说是当前学校教育的终极目标。

(三)职业教育行动导向教学法

职业教育教学方法研究起步较晚,目前对职业教育教学方法还没有形成统一的认识,对职业教育教学方法的研究主要借鉴基础教育研究范式。不过,由于近年来职业教育受到社会空前重视,职业教育教学方法研究也开始受到普遍重视。

1.行动导向教学法在职业教育中受到广泛重视

职业教育从本质上就决定了其教学必须以职业行动为导向。行动导向教学融"教、学、做、用"为一体,它一般以一种行动或工作任务为导向,按照生产实践要求设计工作项目,将理论知识融合在项目完成的过程中进行教学。它主要包括:项目教学法、任务驱动教学法、分层教学法、角色扮演法、行动导向六步法、模仿教学法、活动教学法、参与式教学法、基于问题的教学法、合作学习教学法、以赛促学教学法、合作探究教学法、教学做一体化教学法、"三比三试"法等具体教学方法。[①]

"教、学、做、用"合一是行动导向教学法最鲜明的特征,特别适合那些与实际工作过程密切相关的课程的教学,如设计类专业的空间设计、艺术设计、服装设计等课程,机电与计算机等专业的单片机实践课程,机械工程专业的机械制图课程等的教学。

2.实施行动导向教学法的要求

职业教育实行行动导向教学不仅要求"理论联系实际",更要求"教、学、

---

① 刘大军,郭美娟等.近三年我国职业技术教育教学方法研究述评——基于我国职业技术教育四本核心期刊的统计分析[J].中国职业技术教育,2019(29):45.

做、用合一"。学生在职业实践和社会生活的实际情境中学习理论知识、探索和发展理论、积累行动经验。实施行动导向教学,通常需要遵循下列要求。

(1)依据相应职业实践的需要,确定促进学生行动能力发展的教学目标;

(2)从学生生活和职业实践的经验出发,选取与情境相关的教学主题和任务;

(3)为实现教学要求,调动学生利用已有经验和知识,探讨并整合新知识,跨学科地运用知识,主动尝试执行任务;

(4)学生及其小组独立地经历完整的行动过程,包括资讯、计划、决策、执行、监控和评价,对行动结果承担主要责任;

(5)在学生经历完整的行动过程时,教师要提供必要的方法或策略性指导和帮助,特别是要评价学生所设计的方案是否可行、评价学生的工作过程和结果。

(6)学生的行动结果最好具有实际价值,比如具有启发性的发现或可以进一步加工的方案;

(7)小组完成学习任务后应提交小组作业,因为小组作业作为主要学习形式有助于培养学生的交流和协作能力、应对冲突的能力。

3.行动导向教学法对教师的要求

行动导向教学法对教师的教学能力、教学态度和教学工作都提出了新的要求。实行行动导向教学法,教师不仅要具备常规的教学能力,还必须熟悉掌握工作任务过程,才能把理论知识适时有效地插入任务过程。在教学实施过程中,教师不仅要保证教学的有效性,还要时刻关注学生学习的进度,即工作项目完成的进程及完成的质量,从而及时提供指导和帮助,保证工作项目的顺利完成。这对教师的工作态度提出了更高的要求,教师要足够耐心、足够细致,随时发现学生学习过程中存在的困难和问题。所以实施行动导向教学法要求教师善于协作、勇于探索,要具备掌握促进学生行动导向学习能力的教育能力,要求教师主动、负责,这样才能保证教学过程的顺利实施。

4.行动导向教学法的优势和不足

行动导向教学法打破了传统、枯燥及内容单一的教学模式,充分调动学生学习的主动性,引导学生从不同角度分析问题,提高学生的实践动手能力,同时有助于培养学生的团队协作精神,使学生的综合素质得到全面发展。行动导向教学法以项目任务的形式引入竞争机制,充分发掘学生学习的积极性和主动性,有效地提高了教学效果和学生的技能水平,使学生在后续学习中的独立性、工作能力和自信心大大提升。此外,行动导向教学法在实施过程中加强了师生间、生生间的交流沟通,很大程度上提高了学习效率。通过交流学习,不仅可以使师生关系变得更加和谐,而且教师的职业素养也可以得到显著提高。

当然,行动导向教学法并非完美,其自身也存在局限性。首先它对综合知识和综合能力要求较高。一般一项工作任务不会只涵盖单一的专业知识,通常会包含多门课程的内容,这对学生的知识储备和能力有一定的要求。其次,行动导向教学法对资源要求比较高。要想设计出与实际工作比较相仿的工作任务,就需要创设与实际工作比较相仿的职业环境,这对教学的实验实训条件提出了更高的要求。

二、高职教育的教学方法改革与创新

(一)教学方法创新的理论基础

20世纪以来,随着现代教育学、心理学的发展,建构主义学习理论、主体教育与合作学习理论、多元智力理论、终身教育理论、素质教育理论等对高职教育教学改革影响深远,也对教学方法改革产生了直接的影响。

1.建构主义学习理论

建构主义学习理论是在研究儿童认知发展基础上产生,在众多学者的接力研究中不断完善,出现了众多的流派和理论倾向,使建构主义理论不断丰富。

建构主义认为,人的认识本质是主体的构造过程,所有的知识都是主体自己的认识活动的结果,主体通过自己的经验来构造自己的理解。所以学生学习不是简单被动地接收信息,而是主动地建构知识的意义,是对外部信息进行主动地选择、加工和处理的过程。学习过程是新旧知识、经验之间的双向的相互作用过程,也就是学习者与学习环境之间互动的过程。① 因此,建构主义学习理论认为,学习具有情境性、体验性、合作性、反思性、目标性和积累性的特点:学生的认识是在与外界环境相互作用中建构起来的,是建立在已有的知识经验基础上的;学习的过程是一个文化内化的过程,需要通过不断地反思完成。人和人存在差异性,这种差异性既体现在学生已有的知识经验基础上,也表现在学习目标的设定上。因为这种差异性,开展合作学习更有利于学生的成长。

建构主义认为教学不能无视学生的经验,从外部装进新知识,而是要把学生现有的知识经验作为新知识的生长点,引导学生从原有的知识经验中"生长"出新的知识经验。教学也不是知识的传递,而是一种培养学生主体性的创造活动。教师则是学生主动建构意义的促进者、合作者和帮助者,是整个教学过程的组织者、指导者和协调者。② 从建构主义的观点看,学生是教学活动的主体,教学的目标就是要不断提高学生的主体意识和创造力,最

---

① 陈威.建构主义学习理论综述[J].学术交流,2007(3):176
② 陈威.建构主义学习理论综述[J].学术交流,2007(3):176.

终使学生成为能自我教育的社会主体。

建构主义理论较好地说明了学习过程如何发生、意义如何建构、概念如何形成及理想的学习环境等,重新定义了教学中教师和学生的地位,真正把学生放到了教学的中心,为教育教学改革提供了一个新的视角。

2.多元智力理论

多元智力理论由美国著名的认知心理学家和教育家加德纳于 1983 年在《智能的结构》一书中提出。多元智力理论认为,智力并非像我们以往认为的那样是以语言能力和数理逻辑能力为核心、以整合方式存在着的一种智力,而是彼此相互独立、以多元方式存在着的一组智力。[①]

加德纳提出智力系统是由独立存在的三类智力(共八种)构成:一类与语言相关,包括言语—语言智力和音乐—节奏智力;另一类与物体有关,包括逻辑—数理智力、视觉—空间智力和身体—动觉智力;还有一类与人有关,包括自知—自省智力、交流—交往智力和自然探索智力。加德纳在《重构多元智能》中提出,人的智力是指个体处理信息的生理和心理潜能,这种潜能可以在某种文化背景中被激活以解决问题和创造该文化所珍视的产品。[②]

多元智力理论强调个体智力的发展具有多元性和独特性,每个学生都在不同程度上拥有这八种智能,所不同的是这八种智能之间的组合不同,每个学生身上都同时具有多种智能。教育应该关注学生多种智力的整体发展,而不是只局限于语言智力和逻辑智力。教育还应关注学生个性的发展,每个学生的心智类型可能不同,表现出来的学习特点会有差异,教师就应针对学生的需求实施教学。教育还应关注学生自我认知水平和自我管理水平

---

① 霍力岩.多元智力课程述评[J].比较教育研究,2001(4):23.

② 徐盟盟.多元智力理论对我国成人教育课程开发的启示[J].成人教育,2018(4):69.

的提升,帮助学生开发自主学习能力。

3.认知负荷理论

认知负荷理论(Cognitive Load Theory,简称 CLT)是由澳大利亚新南威尔士大学的认知心理学家约翰·斯威勒(John Sweller)于 1988 年首先提出来的。CLT 认为有三种类型的认知负荷:内在认知负荷、外在认知负荷和关联认知负荷。[①] 内在认知负荷是无法改变的,可以改变的是外在认知负荷与关联认知负荷。学习的本质就是由外在认知负荷向关联认知负荷转化的过程,所以为了促进有效学习的发生,就应尽可能减少外在认知负荷,增加关联认知负荷,并且使总的认知负荷不超出学习者个体所能承受的范围。而且,只有认知负荷适中时,才会对学习产生积极效果,认知负荷过低或过高都会降低学习的效果。

学习的最终目的在于保证学习者能够在各种不同的情境中完成复杂任务,即实现学习迁移。教学设计就是帮助学习者掌握任务的认知逻辑规则,以便达到更好的迁移效果。有效的教学设计就是把学习者的认知负荷控制在一定范围之内。在教学中,教师应该把复杂问题分解成从简单到复杂的认知序列,降低学习材料的内在认知负荷,使学习者能够从简单人手,循序渐进,逐渐过渡到难度较大的学习任务。教师给予学习者必要的指引和支持来帮助学习任务的完成,并且随着学习者学习能力的提升,逐渐减少指导,最后实现完全对学习者"放手"。

4.多媒体学习认知理论

多媒体学习认知理论是美国著名的教育心理学家和认知心理学家梅耶(Mayer)教授经过 20 多年、100 多项研究提出的,是一个与设计在线教

---

① 杨进中.认知负荷理论视角的移动课程教学设计原则[J].现代远程教育研究,2012(3):87.

学相关的多媒体学习认知理论。该理论有三个假设,分别为双通道假设(Dual Channels)、容量有限假设(Limited Capacity)和主动加工假设(Active Processing)。该模型认为,人类信息加工系统可分为两个独立的通道,即加工听觉输入与言语表征的听觉通道和加工视觉输入与图片表征的视觉通道。有意义学习要求在听觉通道和视觉通道进行大量的认知加工,这些加工包括学习者注意呈现的材料,组织呈现材料为一个有条理的结构,把呈现材料与大脑中存在的知识进行整合。并且每个通道的加工容量是有限的,即仅有有限的加工发生在听觉通道,也仅有有限的加工发生在视觉通道。[①]按照该理论的要求,在教学中要合理安排每个信息加工通道的信息量,以保证学习的正常进行。

多媒体学习认知理论为移动课程的教学设计和教学方法选择提供了理论基础,要求教学应该以学习者的认知过程为基础,符合学习者的认知规律。

(二)国外现代教学方法借鉴

1.发现教学法

发现教学法又叫探究法、假设法,是美国认知主义心理学家、教学论专家布鲁纳于20世纪50年代末期提出来的。它是指学生在教师的指导下,通过自己的探索和学习,发现事物发展变化的因果关系及内在联系,并形成自己的概念。[②]

与传统教学方法以知识传授为目标不同,发现教学法创设了问题情境,来激发学生的好奇心,探究问题的成因,找到问题的解决办法,从而达到培

---

① 杨廷龙等.基于多媒体学习认知理论的外语多媒体教学信息呈现方式研究[J].外语电化教学,2009(6):42.

② 郝德永等.国外现代几种主要教学方法评介[J].中小学教师培训,1993(6):5.

养学生思维能力的目标。在发现教学法的教学过程中,学生是教学的主体,教学的完成离不开学生的主动探究。

2.暗示教学法

暗示教学法是保加利亚心理学家洛扎诺夫于20世纪60年代创立的一种教学方法。这种教学方法是指利用暗示手段充分挖掘学生的心理潜力,使学生轻松愉快地学习。[①] 暗示教学法通过精心设计愉快而不紧张的教学环境,调动学生的非智力因素,使学生在积极的情绪状态下完成学习,从而提高学习的效果。

暗示教学法结合了心理学研究的成果,开创了教学方法研究的无意识领域,强调了非智力因素在教学中的重要作用。

3.掌握式教学法

掌握式教学法是由美国的心理学家布卢姆于20世纪60年代末提出来的。掌握式教学法是指在教学中有效地使用反馈、矫正,为学生提供各自需要的时间和帮助,使绝大多数人达到学业规定要求的一种教学方法。[②]

掌握式教学法要求教师了解学生的学业情况,教学过程中及时进行测验、反馈和矫正,以保证每个学生都能达到教学要求。掌握式教学法的优点是注重及时反馈的作用,掌握式教学法也指出了解决差生问题的一种途径。

4.程序式教学法

程序式教学法由斯金纳等人发展完善,建立在斯金纳的新行为主义操作性条件反射理论基础上。程序式教学是一种使用程序教材并以个人自学形式进行的教学。学生独立学习经过特别编制的程序化的教材,主动积极

---

① 郝德永等.国外现代几种主要教学方法评介[J].中小学教师培训,1993(6):6.
② 郝德永等.国外现代几种主要教学方法评介[J].中小学教师培训,1993(6):6.

地去获取知识,掌握技能,并使自己的自学能力得到发展。①

程序式教学法把教学活动按照一定程序有步骤地进行强化,要求明确,便于学生个人学习,能适应个别差异,提高学习的效率和能力。这种教学方法可以使学生按自己的情况进行学习,强化学生学习的动力,有助于学生学习能力的培养。

5.问题教学(或称研究问题式教学)法

问题教学法由教育家马赫穆托夫、列尔涅尔、斯卡特金等人倡导。运用问题教学法,教师应当创造问题情景(提出问题或布置任务),组织集体讨论解决问题情境的可能方法,证实结论的正确性,提出准备好的问题作业。学生则根据以前的经验和知识,提出解决问题的办法,力求正确理解研究的原理,解决所提出的问题,从而获得知识,培养能力。②

问题教学法适合学生在有一定的基础的情况下,针对一些概念、理论和规律类的知识进行学习,特别适合学习那些在学生认识潜力的最新发展区的新知识。

6.个性化教学法

个性化教学法是指在教学过程中,根据学生的兴趣、爱好、特长、个性特点等,有针对性地制定教学计划,组织教学活动,因材施教,更好地满足学生学习需要。③ 个性化教学法以学生为中心,尊重学生的个体差异,针对学生的实际情况开展教学,满足学生需要。

个性化教学法根据学生的具体情况开展教学,有效贯彻了因材施教的教育理念,落实学生的主体地位,可以有效提高教学的效果,促进学生成长。

---

① 李勇.程序式教学法在排球教学中的实验研究[J].内江科技,2010(6):88.

② 吴文侃.国外中小学教学方法改革现状[J].外国中小学教育,1986(6):5.

③ 柯朝颖.个性化教学法在高职钢琴弹唱教学中的应用[J].河北能源职业技术学院学报,2018(3):88.

与传统教学方法相比,现代教学方法呈现出以下特点:一是现代教学方法几乎都强调教学中学生的主体地位,强调激发学生学习的积极性和主动性;二是现代教学方法比较重视学生智力的发展,重视学生能力的培养,包括学习能力、解决问题能力及创新能力;三是每种教学方法都有各自的优缺点,在实际教学中要根据教学任务的要求、教学内容的特点、学生的可能性和教师本身的能力来选择并综合运用各种教学方法,实现最优的教学效果。

(三)高职教育教学方法改革与创新

教学方法的改革与创新:首先源于社会对人才培养需求的日益多元化和不断提高;其次,社会的进步,科技的发展,人类的知识日益丰富,学科分化和综合的趋势的加剧,必定会要求使用更高效和科学的教学方法;再次,随着新技术的出现,教学手段和工具不断丰富,也要求教学方法与现代技术有机地结合。所以说教学方法的改革与创新,既是社会发展的产物,也是其自身发展的内在要求。

1.高职教学方法改革与创新的历程

1985年以后,我国高职教育才开始起步发展,在发展的早期,又正好遇上了高等教育的规模扩张,故而当时的高职教育以发展规模为主,相对来说,质量和效率的发展没有得到充分的重视,所以教育教学方法改革和创新没有受到普遍重视。故而高职教育在发展的初期,还处于经验积累阶段,与拥有百年办学历史的普通高等教育和一定历史的中等职业教育相比,各方面显得比较粗糙。

(1)对高职教育的认识和定位经历了一段比较长的时间,这是与国家发布的一些法律文件相关。1998年颁布、2018年修订的《高等教育法》中指出:"本法所称高等学校是指大学、独立设置的学院和高等专科学校,其中包括高等职业学校和成人高等学校。"①《高等教育法》明确地把高等职业学校作为高等教育的一部分确定了下来。1999年6月,国务院颁布《中共中央国务院关于深化教育改革,全面推进素质教育的决定》,决定指出:"高等职业教育是高等教育的重要组成部分。要大力发展高等职业教育,培养一大批具有一定理论知识和较强实践能力的技术应用型人才。"②《高等教育法》和其后颁布的决定都明确了高职教育是高等教育的一部分,所以在高职教育发展的初期,高职学校的教学方法以引进和借鉴我国普通高等教育教学方法为主,高职教育特色不明显,教学效果有待提高。在教学方法上,引进了一些国外的职业教育教学方法,主要是简单的形式套用,研究设计比较简单,没有足够的深度,故而没有出现什么有影响的成果。

(2)2006年之前国家对高职教育的重点在于规模的扩张,直到2006年教育部颁发了《关于全面提高高等职业教育教学质量的若干意见》(教高[2006]16号)文件,标志着高职教育的工作开始以内涵建设为中心,重点抓教学质量,预示着我国的高职教育进入新的发展时期,即以质量和特色求生存与发展。高职教育教学方法研究和改革逐渐被人们所关注,行动导向教学法获得了极大的推广与实验,各地开展了大量的各国职业教育教学方法的比较研究和本土化探索、实践。这个时期,教学方法的改革创新已经不只是几个理论研究学者关心和从事的工作了,政府大力地推行高职教育教学方法改革创新,各一线教师开始努力地进行尝试。多元主体的参与,有力地推动了高职教学方法的改革创新。

---

① 教育部. 中华人民共和国高等教育法[EB/OL]. 中华人民共和国教育部,http://www.moe.gov.cn/s78/A02/zfs__left/s5911/moe_619/201512/t20151228_226196.html.
② 中共中央,国务院. 中共中央国务院关于深化教育改革,全面推进素质教育的决定[EB/OL]. 中华人民共和国教育部,http://old.moe.gov.cn/publicfiles/business/htmlfiles/moe/moe_177/200407/2478.html.

当然,教学方法的改革创新离不开时代发展的背景,今天高职教学方法的蓬勃发展离不开当今科学技术的迅猛发展。一方面,社会经济快速发展,对人才质量提出了新的要求。新知识不断涌现,要想在知识爆炸的时代紧跟潮流,掌握最新科技,学习能力成为新时代人才的标配。早在 20 世纪 70 年代,美国预言家阿尔涅·托夫勒就指出,"未来的文盲不再是目不识丁的人,而是那些没有'学会学习'的人"①。所以今天的教师既教知识又教方法,教知识结构,教学习规律,授人以鱼不如授人以渔。普通高等教育如此,高职教育也是如此。另一方面,新技术层出不穷,也为教学提供了大量的新工具,用好这些新工具就能极大地提高教学的效率和效果,提升办学的质量。所以技术发展的环境也为教学方法改革提供了便利条件。

2.高职教育教学方法改革创新的依据

(1)教学方法改革创新的基本出发点是教学目标。《关于全面提高高等职业教育教学质量的若干意见(教高[2006]16 号)》文件明确指出:高职教育的培养目标是培养面向生产、建设、服务和管理第一线需要的高技能人才。②所以高职教育的教学围绕着技术应用能力的培养,进行知识和能力的科学设计,强化学生实践能力训练,使学生具备从事某个实际工作所需要的能力和技能。这种规定既对学生的知识、能力和技能有所要求,也对学生的智能、品德、心理素质和身体素质提出了要求。这就要求高职教师在改革创新教学方法时,既要照顾知识的传授,也要关心能力的养成,还要关注技能的训练;既要重视专业能力的培养,也要重视综合能力的养成。

(2)教学方法的改革创新要依据教学内容的特点。教学内容可以被看

---

① 宫铁英.试论构建"学会学习"教学模式[J].现代中小学教育,1997(6):25.

② 教育部.教育部关于全面提高高等职业教育教学质量的若干意见[EB/OL].中华人民共和国教育部官网,http://moe.gov.cn/publicfiles/business/htmlfiles/moe/moe_1464/200704/21822.html.

作教学方法的客体因素,直接制约着教学方法的选择。教学目的、任务是通过具体内容的教学实现的,不同学科有不同的教学内容,不同的教学内容有不同的特点,不同的特点适合使用不同的方法开展教学。例如:理论内容宜选用讲授法、谈话法或讨论法;需要通过练习和操作才能获得的实验技能,则适宜选用操作性的教学方法,不宜用语言方法和直观方法。

(3)教学方法的改革创新要依据学生的发展水平。学生发展水平包括认知水平、心智状态、学习态度等,这是影响教学方法改革创新的直接因素。教师应注意了解学生的学习准备情况、认知能力、学习自觉性和学习态度等,选择合适的教学方法来保证教学的效果。

(4)教学方法改革创新受时间、设备等资源条件的限制。运用实验法,就要考虑实验设备是否充足;开展讨论法教学,前提是要有足够的课时,因为讨论法比讲授法更费时间;现场参观则要求现场具备多人参观的条件等。

(5)教学方法的改革创新还跟教师个人的能力、条件相关。教学水平高、专业能力强的老师,驾驭不同教学方法的能力相对较强,选择教学方法的局限性就小,可以更多地从教学任务和要求、教学内容、学生情况等角度选择教学方法。

3.高职教学方法改革创新的方向

(1)语言传递信息的教学方法在高职教育中必不可少,但是具体形式应该多元化。在百万扩招的今天,进入高职的学生总体认知能力比普通高校的学生可能要逊色,所以我们在对高职学生的文化知识的教学上丝毫不能放松。所不同的是,今天高职教育不仅仅要关注学生获得多少知识,更要重视对学生学习能力的培养;不仅仅要照顾常规性知识的教学,更要照应从事某一职业的专业性知识的传授。知识的教学用到的最主要的方法还是用语言传递信息的教学方法,但是在选择具体教学方法时,要充分考虑教学的具体目标和要求,灵活运用讲授、讨论、分析等多种方法,在保证知识传授目标的同时,做到对学生学习主动性的激发和学习能力的培养。此外,按照教育学一般规律来看,高职学生的学习能力不高,其总体学习兴趣一般也不会很高,所以高职教育在教学实施过程中要充分考虑培养和激发学生学习兴趣的问题。

(2)适合实践和实习教学的教学方法会得到广泛使用。一方面,高职教育是直接为学生的就业做准备的,要实现毕业与上岗零过渡,就要大力推行实践和实习教学,选择合适的教学方法提高实践和实习教学的效率。不同专业实践和实习的内容千差万别,所要求的教学方法也会有很大的不同。另一方面,高职教育以就业为导向,同时也要兼顾学生的职业发展。所以高职学生教学不能局限于一种职业能力的培养,还要关注其职业能力的不断开发,要为其打下终身学习的基础。

(3)与互联网、多媒体技术相融合的新兴的教学方法会日益普及。2018年,教育部、发改委、人力资源和社会保障部等多部委联合发布了《教师教育振兴行动计划(2018—2022年)》,提出教学方法改革的方向在于"充分利用云计算、大数据、虚拟现实、人工智能等新技术","推动以自主、合作、探究为主要特征的教学方法变革",从而催生了"互联网+"教学趋势下以微课、慕课、翻转课堂为代表的教学方法改革与创新。这也为高职教育教学方法的发展指明了方向。

三、基于移动课程的教学方法创新

(一)移动课程是一场教学组织形式的革命

信息技术的发展,互联网的普及,以及人工智能、大数据技术的成熟,为教育信息化发展创造了条件。移动课程突破了时间和空间限制,实现了时时互动、联结,是一场教学组织形式的革命,是各种新技术发展的产物,也是智能时代社会经济发展的必然需求,它的发展更是由作为"数字原住民"的一代青年学生的喜好所决定的。

1.新技术的迅猛发展为移动课程的发展创造了条件

近年来,互联网、人工智能、大数据等新技术迅猛发展,不仅改变了社会的生产模式、协作方式,也极大地改变了人们的生活方式和行为习惯,甚至社会组织的管理模式。中国互联网络信息中心(CNNIC)发布的第 45 次《中国互联网络发展状况统计报告》显示,截至 2020 年 3 月,中国网民规模已达 9.04 亿,互联网普及率达 64.5%。① 人们使用手机接入互联网的比例逐年提高,手机新闻类阅读使用人数比例逐年提高,在线阅读时长逐年提高。同时,各级党政机关和群团组织等积极运用微博、微信、客户端等"两微一端"新媒体,发布政务信息、回应社会关切的问题,我国在线政务服务用户规模达到 5.09 亿。人工智能在线下零售、家庭儿童教育、养老陪护、家务工作、医疗健康、投资风控等多种场景迅速落地;超级计算机在自主可控、峰值速度、持续性能、绿色指标等方面实现突破;企业信息系统向云平台迁移,工业互联网平台快速发展。

可见"互联网+"已经成为当今社会人们生活、工作、学习的重要组成部分,借力信息技术的普及,网络化、数字化、个性化和终身化的教育模式成为一种可能,也必定成为信息时代教育的特征,这为以移动课程为代表的教育信息化发展创造了条件。

2.新时代的人才需求决定了移动课程发展的必然性

进入 21 世纪,信息技术与制造业的深度融合,推动了生产方式、产业形

---

① 中国互联网络信息中心.第 45 次《中国互联网络发展状况统计报告》[EB/OL].中共中央网络安全和信息化委员会办公室,中华人民共和国国家互联网信息办公室,http://www.cac.gov.cn/2020—04/27/c_158953547037858.htm.

态、商业模式的变革,对国际竞争格局产生了深远的影响。2013年德国提出了"工业4.0"的国家战略,致力于提升制造业的智能化水平。我国也在2015年提出了"中国制造2025"发展计划,标志着智能时代的到来。智能环境改变了教与学的方式,并且已经影响到教育的理念、文化和生态。国务院2017年发布了《新一代人工智能发展规划》,强调发展智能教育,主动应对新技术浪潮带来的新机遇和新挑战。按照职业教育理论研究者徐国庆的说法,建立在物联网技术和大数据技术之上的智能化生产,将表现出工作过程去分工化、人才结构去分层化、技能操作高端化、工作方式研究化和服务与生产一体化的特点。这些特点决定了智能化生产体系需要高度复合型的人才,这对人才培养提出了新的要求。

现代职业教育不仅要关注学生获得的知识,还要关注学生所具备的学习能力;既要培养学生从事岗位工作的能力,还要培养学生职业发展的能力;既要培养学生具备跨领域的学科知识和过硬的技术技能,还要培养学生具备技术创新的能力。职业教育从教学内容、教学模式到教学的组织形式,都需要进行深刻的变革,来实现高度复合型人才培养的目标,适应智能时代社会经济发展的需要。

用现代信息技术武装的移动课程,突破了时间和空间的限制,实现了教师和学生、学生和学生之间的畅通联结、无限沟通的新型的教学组织形式,在物联网技术和大数据技术的助攻下,必定在智能时代获得蓬勃的发展。

3.当代年轻人的喜好决定了移动课程的发展方向

如果说2000年以后出生的孩子被称为"网络原住民",那么,2010年以后出生的孩子就应该被称为"数字原住民",他们出生在信息技术与网络设备普及的时代,他们本能、自觉地运用信息技术工具,对数字产品和服务具有很强的沉浸性、融入性和依赖性,能自发参与并快速适应信息技术变革。作为"数字原住民"的当代学生,他们热爱技术、熟谙技术、崇尚定制化教学,他们获取的信息是大量的、共享的、生动的、缺乏筛选的。在查阅与学习相关的信息时,他们经常会同时进行软件聊天、收发邮件、浏览微博等活动,多任务操作、可视化学习和互动式交流成为他们喜爱的学习形式。

学生学习能力的培养、职业发展能力的培养和职业素质的提升的现代人才培养目标,要求充分调动学生学习的主动性和积极性。按著名教育家叶澜教授的说法,要让课堂焕发生命的活力。这就要求贯彻以人为本的教育理念,以学生为中心进行教学设计,从学生感兴趣的话题切入教学,以学生喜欢的方式开展教学,在学生能够接受的情景下实施教学,并且在教学中构建平等、合作的师生关系,把教学活动转变成一场探索活动,充分地调动和激发学生的好奇心、主动性和创新性,实现教学相长,提高人才培养的质量。

伴随着智能环境的发展,诞生于信息时代的移动课程,在人本主义发展理念的指导下,必定会与时俱进地蓬勃发展。

(二)移动课程的教学方法创新

在科学技术高度发达的今天,社会发展步伐日益加快,新事物层出不穷,科技发展带来的不仅是新的生产模式、新的生活方式,也悄然改变着产业的构成、职业的形成。20年前互联网刚刚进入我们的生活,没有人能够预见到今天的发展,更没有人能够预料到手机可以取代电视。10年前我们同样没有能够料想到今天手机支付竟会在社会上普及,就如今天我们无法预料未来一样。科技发展带来了未来发展的极大不确定性,所以今天的教育要符合网络化、数字化、个性化、终身化的新要求,既要注重知识的传授,又要注重学习能力的培养,既要注重胜任某种职业的能力,又要注重职业发展的能力。在高度分工协作的今天,既要培养做事的能力,又要培养与人协作的能力。正如联合国教科文组织在 2016 年提出的研究报告《反思教育:向"全球共同利益"的理念转变?》所说,"由于科学技术发展的步伐不断加快,预测新的专业和相关技能需求变得越来越困难。这就促使人们努力发展更加适应实际需求的教育和职业技能培训,增强多样化和灵活性,以便调整能力,以适应快速变化的需求。这意味着要确保个人具有更强的适应能力,能够最有效地掌握和应用职业适应能力。这些能力往往更加重视可转移技能、21 世纪技能和非认知技能,其中包括交流、数字素养、解决问题、团队合作及创业"①。

智能时代对人才的要求更高,教育的目标更为复杂,在各种智能技术和教学手段的辅助下,移动课程的教学方法创新是教学改革的必然趋势。

1.新技术助力传统讲授法,提升教学效果

讲授法一直是教学史上最主要的教学方法,即使今天出现了许多结合了现代化教学手段的新颖教学方法,如演示法、实验法等,讲授法依然是无可取代的重要的教学方法,是学校教育中既经济又有效,并且是最常用的教学方法。运用讲授法,教师可以通过合乎逻辑的分析和论证,生动形象的陈述和描绘,启发诱导性的设疑和解疑,使学生在较短的时间内获得较为全面系统的知识。在实际的教学中,讲授法又可以具体表现为讲述、讲解、讲读、讲演等不同形式,这些形式又各有自己的特点,在实际使用中可以充分结合教学内容的特点和教学对象学生的具体情况,选择合适的方式实施教学。

今天,可以充分利用各种多媒体技术和智能技术手段,通过与其他教学方法的有机整合,充分发挥传统讲授法的优势,实现前所未有的教学效果。

---

① 联合国教科文组织.反思教育:向"全球共同利益"的理念转变?[M].北京:教育科学出版社,2018:51.

（1）充分利用新技术，武装传统讲授法。要打破讲授法照本宣科、面面俱到、满堂灌的局面，就应充分利用多媒体、互联网、大数据等新技术，变革传统讲授法，赋予其新的内涵。对教学内容进行重新组织和梳理，将学生置于现实生活的矛盾冲突中，激发学生学习的兴趣，引导学生积极思考；认真研究学生的学习基础，将新知识与学生已有的知识和能力建立联系，方便学生掌握知识，减轻学生学习负荷；用形象生动的故事，激发学生的积极情感，提升学生的学习体验；充分利用多媒体技术，在传统讲授法基础上增加声效、画面、动作或视频，突破时空的限制，丰富教学的场景，使抽象概念具体化、形象化，方便学生理解和内化；将知识内容情节化，与学生形成情感互动等。总之，用新技术来增加传统讲授法的形式，丰富传统讲授法的内容，增加吸引力，提高学生学习的积极性。

（2）与其他教学方法有机整合，有效发挥讲授法的作用。讲授法在传播概念性知识方面具有长处，但是在课堂的互动性、激发学生的主动学习方面存在不足。可以通过与其他教学方法的结合来取长补短，更好地发挥讲授法的作用。如互动式讲授法，就是把主动学习、小组学习及课堂评价与讲授融为一体的教学方法。互动式讲授法强调学生参与学习的过程，注重学生已有的知识与能力水平，通过师生、生生之间的互动，激发学生学习的兴趣和主动性，同时适时地进行评价，让学生及时地了解自己学习的情况，从而提高学习的积极性。讲授法可以与发现法、阅读法、活动法等多种教学方法进行有机结合，来提高课堂教学效果。

俗话说"教学有法、教无定法、贵在得法"，传统讲授法在现代教育理念及科学技术的武装下，与其他教学方法有机整合、灵活运用，就可以避免学生机械地学习，在现代教育教学改革中发挥重要作用。

2.讨论式教学法，提升创新能力

讨论式教学法是在教师指导下，学生以班级或小组为单位，围绕某一主题各抒己见,通过讨论或辩论活动,获得知识或巩固知识的一种教学方法。①
讨论法既是学习新知识、巩固已有知识的方法,也是提高学生思维能力的方
法。讨论法的优点在于,可以培养学生的合作精神,学生互相启发、集思广
益、取长补短,加深对学习内容的思考和理解,有助于对学生思维力的培养。
另外讨论法还有助于提高学生的表达能力,有助于学生综合能力的培养。

讨论式教学法,即 PBL(Problem-based Learning)教学法,是基于问题的
学习的讨论式教学,是 1969 年美国神经病学教授霍华德·巴罗斯创建的教
学方法,此后不断得到丰富和发展,现已被应用到多个学科领域。它是在传
统讨论法基础上发展起来的,除了具有讨论法的优势之外,还可以有效地培
养学生的自主学习能力。

PBL 教学法建立在建构主义学习理论基础上。建构主义理论认为,学
习不是由教师把知识简单地传递给学生,而是由学生自己建构知识的过程;
学生不是简单被动地接收信息,而是主动地建构知识的意义,这种建构是无
法由他人来代替的;学习是一个动态过程,是学习者在和教师互动的过程中
完成的。② 所以 PBL 教学法强调协作与交流,在交流过程中每个学习者的
思维成果分享给整个小组,可以拓宽学习者的思维广度。PBL 教学法应以
学生为中心,学习在真实的问题情景中进行,可以充分调动学习者学习的积
极性和主动性,有效地实现新知识的意义构建。

实施 PBL 教学法,教师由传统的知识传授者转变为学习活动的主持者
与促进者。PBL 教学法通过把学生置身于结构不良的、真实的或接近真实
的问题情境中,培养其建构知识、解决问题、小组合作、自主学习等能力,并
激发学生学习的内在动机。

在实际实施中,PBL 教学法表现出以下的特点。

---

① 李秉德.教学论[M].北京:人民教育出版社,1991:190.
② 陈威.建构主义学习理论综述[J].学术交流,2007(3):176.

（1）问题性。问题既是 PBL 教学法的出发点，也是 PBL 教学法的基础。在 PBL 教学法中，问题为学生创建了一个真实世界的情境，这个问题情境是复杂的、开放的，但是能与学生个人的经验形成共鸣，可以激发学生的探究动机。一个好的问题情境是 PBL 教学方法成功实施的基本保证，是学生学习的动力源泉。要创设能够激发学生学习兴趣和热情的有效的问题情境，教师必须深入了解学生的知识经验和学习习惯，引导和促进学生主动思考和创新，挑战高层次思维，激励学生参与学习进程。

（2）自主性。教学法 PBL 充分强调学生的自主性，是以学生为中心的教学方法。在 PBL 教学法教学中，教师扮演的是学生学习促进者的角色。教师创设问题情境，并鼓励学生利用已有的知识经验自主地解决问题。学生通过积极的思维，将新建构的知识与旧知识融合起来解决问题。在解决问题的过程中，学生学习监控和反思问题解决的过程，深度思考问题解决的逻辑过程和方法论，同时还能领会问题中蕴含的知识、技能。在教师的有效引导下，PBL 教学法可以促使学生开展有意义、有深度的自主学习，切实加深学生对知识的理解，发展元认知技能。

（3）合作性。PBL 教学法不仅引导学生自主学习，还促进学生合作学习。实施 PBL 教学法教学时，教师首先创设问题情境，由学生在独立思考的基础上，开展小组讨论，进行头脑风暴，找到解决问题的途径。这时学生的自主学习是经过两个过程完成的，一个是完全独立的自我导向学习，还有一个是建立在交流基础上的合作学习。在合作学习中，学生既是倾听者，也是见解提供者；既要学会倾听，也要学会表达；既要学习思考、概括和凝练，也要学习批判性思维；既要学会总结，也要学会思维的发散和多角度分析；既要学会尊重和共享，也要学会责任。采用 PBL 教学法，有利于形成积极融洽、互相尊重的合作氛围，促使学生协作意识的形成及人际交流能力和合作创新能力的培养。有研究表明，采用 PBL 教学法，学生学到的知识更多，合作学习中使用的学习资源也更多。因此 PBL 教学法可以被认为是一个知识获得和技能发展相结合的合作教学方法。

3.案例教学法,加速工作经验的积累

案例教学法又称为以案例为基础的学习(Case-based Learning,简称CBL),也叫实例教学法或个案教学法,是PBL教学法的一个分支,也是建立在建构主义理论基础上。现代意义上的案例教学法由美国哈佛法学院前院长克里斯托弗·哥伦布·朗代尔(C. C. Langdel)于1870年首创,开始被用于法学教育中,后来被广泛用于其他学科的教学,深受学生的欢迎,现在使用更为普遍,尤其在商科教学中。

案例教学法可以界定为教师以具有鲜明代表性的案例为学生创设问题情境,引导学生通过对案例进行分析讨论,在情境中掌握理论知识、总结规律,并创造性地将知识与实践相结合,找到更多的实际生活范例或提出解决实际问题的思路与方法。[①]

(1)案例设计。案例设计是案例教学法的基础,案例质量的高低是实施案例教学法的前提,直接影响教学的效果。案例设计需要考虑针对性和启发性。针对性是指案例设计要符合教学内容的要求,从教学目标出发,与教学内容有机结合,服务于教学需要。案例的启发性是指能够激发学生的兴趣,引导学生思考。这里的案例不是为了证明某一理论,而是为了启发学生,引导学生思考,从而提高学生的思维能力和判断能力。另外,案例教学法的关键是案例的典型性,而不是案例的真实性,案例教学法的关键是案例中必须要有"突出的问题",这个问题能够把学生带入特定情境中,引导学生进行分析和决策,从而完成教学任务,达到教学目的。

(2)案例教学法的特征。在实施过程中,案例教学法表现出情境性、主体性、互动性、实践性和问题性的特点。①情境性。也叫案例性,是案例教

---

① 王青梅,赵革.国内外案例教学法研究综述[J].宁波大学学报(教育科学版),2009(6):9.

学法最典型的特点。情境性是指学生在教师设计的各种教学情境中,对生活、生产实际进行探索学习、理清思路和解决问题,感受知识的实际价值,提高学习兴趣及内在动力。②主体性。是指在实施案例教学过程中,学生需要发挥主观能动性,自主地搜集、分析和理解资料,主动、积极地思考、解决问题,从而促进自学习惯的形成和自学能力的提高。③互动性。是指学习是互动的结果。这里的互动包括了学生与学习材料、案例进行的互动,也包括学生与学生之间的互动,还包括学生与教师之间的互动。案例学习的过程就是学生不断从案例中感知、提取信息和提高认知的过程。这个过程,也是学生讨论、交流的过程,少不了各种观点和经验的交融和冲突,从而形成更丰富和深刻的认知。这种充分的交流和互动显然可以有效地提高学习的效果。④实践性。实践性包含两个方面的含义,一是案例的实践性,二是学习过程的实践性。案例教学法中的案例一定是来源于生活又高于生活的,具有充分的实践性。学习的过程需要学生综合运用各种知识和灵活的技巧来处理,是能动性和实践性的结合。⑤问题性。案例教学法能够实施的前提是案例中必须有"突出的问题",可以引导学生展开学习。

总之,案例教学法的针对性更强,聚焦问题,能有效利用时间,适合针对应用课程、有一定理论基础的学生实施,非常有利于学生工作经验的积累,相信在现代教育改革中有充分的发展空间。

4.互动式教学法,促进教学相长

互动式教学法最早起源于案例教学法,后来人们将一系列强调师生间互动的教学方法共同归纳为互动式教学法。互动式教学法具有以下三个主要特点。

(1)师生角色的平等性。互动式教学彻底打破教师的"一言堂"模式,充分开发学生在教学活动中的主体地位,培养学生质疑精神和问题意识,鼓励学生提问、发言,改变学生被动学习的状态,树立为自己学习、终身学习的理念。教师由教学的主导者变为学生的合作者、学习的促进者和引领者。互动式教学模式的核心即在于"师生间平等的互动",互动式教学注重师生之间的对话和合作,强调通过构建和谐的课堂气氛和平等民主的师生关系,使师生之间坦诚地进行对话。教学的中心由以教师为主转向教师和学生并重。

(2)注重教学情境的实践性。建构主义认为知识是生存在具体的、情境性的、可感知的活动之中的,只有学习与情境化的社会实践活动结合起来,才能真正地被人所理解。即建构主义在强调情境性的同时,注重学习与实践的关系。纸上谈兵并不能使学生产生深层的理解,要使书本上抽象的符号和文字在实践中被学生内化和吸收,从而在生活中能够进行合理的迁移和运用,完成教育现代化所要求的培养实用型人才的教育目标。情境模拟法、实践教学法等教学方法可以看作互动式教学方法的具体表现,在教学实践中起到了不可小觑的作用。

(3)强调合作性。互动式教学法提倡教学主体之间的合作。在教学过程中,教师作为合作者,可以通过一个案例或者一个问题引起大家的思考和讨论,也可以组织小组合作共同解决某一个问题;学生作为合作者,在小组里、班级里贡献自己的力量。个人的一个观点、一个创意,都可能给别人一个新的启发。学习问题的探讨、学习资源的共享、学习任务的协作完成,每个人都在为完善知识体系做贡献,同时在思维的碰撞中互相影响,在已有的基础上建构新的知识体系。

互动式教学法是对当代多种教育学和心理学理论的继承和发展,融合了建构主义理论、认知理论、人本主义理论和交往行为理论等多种理论,结合了现代网络技术和多媒体技术,必定会在今天的教育改革浪潮中发挥重要作用。

总之,今天的教育不仅关注学生知识的获得,更关注学生能力的培养,特别是自学能力的培养。今天的教育不仅关注学生对当前社会的适应,更关注学生未来的发展。所以现代教育一定要注重发挥学生的积极性和主动性,激发学生学习的兴趣和创新能力。任何一种教学方法都有其优点,也有其局限性,各种教学方法是相互联系、相互渗透、相互转化的。这就要求根据教学任务的要求、教学内容的特点、学生的可能性和教师本身,选择运用各种方法,并灵活、有机地组合各种教学方法,更高效地实现教学的目标。

(执笔人:周宏敏)

第四章　移动课程的教学媒体创新

　　在教学媒体的发展阶段中,语言、文字、印刷体、电子信息媒体等形式作为重要的教学媒体,在教学理念、教学模式、教学方法、教学计划实施等方面对教学活动产生了巨大的影响。值得一提的是,教学媒体的选择和应用应重视教学媒体和教学内容之间的匹配,并遵从教学媒体应服务于教学目标、教学媒体选择应实用高效等原则。尤其近些年来,随着移动互联网的快速发展,移动智能化媒体开始被广泛应用到教学中,并形成了基于微信及基于App这两种主流的移动教学应用模式。就微信模式而言,已有一些高职院校对基于微信群、微信公众号和小程序等进行了课程教学应用和探索。此外,一些学校还结合自身实际需求,通过引入商业开发系统,构建了超星学习通、蓝墨云班课等移动教学App。总体而言,移动课程的教学媒体呈现多样化形式,对教学质量的提升发挥了积极的作用。然而,事实也表明,移动课程教学媒体的应用中仍存在一些问题,需要师生协作以更好地实现移动课程的教学目标。

一、教学媒体概述

(一)教学媒体定义

关于教学媒体,百度对其做出以下相关定义:媒体是指承载、加工和传递信息的介质或工具。当某一媒体被用于教学目的时,作为承载教育信息的工具,则被称为教学媒体。教学媒体是教学内容的载体,是教学内容的表现形式,是师生之间传递信息的工具,如实物、口头语言、图表、图像及动画等。教学媒体往往要通过一定的物质手段来实现,如书本、板书、投影仪、录像和计算机等。

现代教学媒体是相对于传统教学媒体而言的。传统教学媒体一般指黑板、粉笔、教科书等。现代教学媒体主要指电子媒体,由两部分构成——硬件和软件。硬件指与传递教育信息相联系的各种教学机器,如幻灯机、投影仪、录音机、电影放映机、电视机、录像机、电子计算机等。软件指承载了教育信息的载体,如幻灯片、投影片、电影胶片、录音带、录像带、光盘、移动硬盘等。

(二)教学媒体的发展阶段

教学媒体的发展阶段可分为语言媒体阶段、文字媒体阶段、印刷媒体阶段和电子传播媒体阶段。

1.语言媒体阶段

语言的产生标志着人类在交流方面,特别是在记忆和传递知识及表达较复杂的概念的能力方面有了巨大的提高。这时随着部落的发展,出现了专职教师,这是教育史上的第一次革命。语言媒体很好地发挥了人类语言

交流的作用,具有形象直观的特点。但是基于语言的媒体教学离不开人类
的亲身传授,不能超越时间和空间传递教学信息,因而教学活动过程中信息
交互的效率较低,教师在单位时间内发出的信息量极其有限,留给学习者思
考的空间较大。而由于缺乏有效的媒介,学习者对学习内容的掌握和理解
也难以全面深入,学习活动受时间和空间的限制较大,学习效率不高,学习
的知识量有限。

2.文字媒体和印刷媒体阶段

文字和纸的发明开创了人类信息传播的新篇章。文字媒体可以将信息
长久保存并广泛流传,从而引发了教育史上的第二次革命,由此也开始了文
字媒体阶段。

而随着活字印刷术的出现,印刷媒体也得以出现。印刷媒体引进教育
领域,教科书成为学校教育的重要媒体,引起教学方式及教学规模的又一次
重大变革,产生了教育史上的第三次革命。

文字和印刷术在教学上的应用是教学媒体的一大进步。文字书本具有
信息量大、便于携带和保存的特点,从而成为教学中的主要媒体。但由于文
字较抽象,容易使教学枯燥、僵化、乏味,教学效率较低。此外,基于文字和
印刷体的媒体,虽然让学习者学习的时间和空间得到了一定拓展,但此阶段
的学习主要依赖学习者的思考,而且教学媒体也较为单一,由此使得学习效
率的提升较为有限。

3.电子传播媒体阶段

19 世纪以来,以电子技术新成果为主发展起来的新传播媒体,人们称之
为电子传播媒体。电子传播媒体的产生大大提升了人类的信息传播能力和
效率,扩大了教学规模,催生了教育史上的第四次革命。

从 19 世纪末到 20 世纪 50 年代,电教媒体被逐步引入教学,教育媒体开
始出现电子化和现代化的特征。19 世纪末,幻灯进入教育领域,20 世纪后,

电子科学技术发展突出,电子化媒体亦频频问世并被应用于教学实践,推动教育媒体由视觉媒体、听觉媒体向视听结合媒体发展。视听媒体提高了教与学过程中信息传输量和交互效率,拓展了对知识的认知维度。例如,20世纪90年代由于网络技术的发展,出现了多媒体网络教学、计算机远程教学等教学形式。进入21世纪,个人电脑和智能手机移动终端的普及,为教学媒体提供了更加灵活的载体,教学媒体也由多媒体向全媒体发展。信息量大、传输效率高、突破时间和空间约束是这个阶段的共同特征。教学媒体的创新有力推动了"以学生为主体"的教学理念的发展,教学活动更有利于满足学习者个体的学习需求,教师的教学活动突破了空间和时间的约束,不再局限于课堂之上,教学方法手段也丰富灵活,学习者的学习活动更加自由。

现在,通常将基于电子媒体的教学称为现代教学,而基于板书、传统教科书的教学则称之为传统教学。随着互联网、信息技术的快速发展,基于移动端的教学媒体的应用越来越受到重视,而如何基于移动互联网进行教学媒体的创新也成为一个重要的教学改革研究课题。

(三)教学媒体的发展对教学活动的影响

1.教学媒体对教学理念的影响

传统教学媒体在发展过程中,逐渐形成了"以教师为中心"的传统教学理念,即教师借助语言、板书、教材等传统教学媒体,以教师个人的眼神、表情、手势等无声语言在教学过程中导控信息、激发学习动机、启发学习思路、完成教学活动。"以教师为中心"的传统教学是传统教学媒体阶段主要的教学思想,在人类的教学活动中发挥了重要作用。它以语言和抽象的文字作为传达教学信息的媒介,学习者通过无声的文字和口头语言接受信息,通过耳听、脑思、手写完成教学过程。由于教学媒体较为单一,因此媒体与教学目标匹配较为简便,教学成本投入较少,但对于复杂抽象理论的教学效果并不突出,亟须先进的教学媒体与教学内容进行深层次结合,促进教学活动的深入发展。

"以学生为主体"的教学理念则是 20 世纪 50 年代提出来的,经过近半个世纪的争论,直至 1998 年召开的世界高等教育大会上才最终确立。但"以学生为主体"的现代教学理念的推广与教学媒体的发展是离不开的,尤其是随着网络信息技术的发展及其在教学中的不断应用,学习者的主体地位被充分体现。这种教学理念下的课堂教学,一方面真正突破了课堂教学的时空限制,让教学可以随时随地满足学习者的学习需求;另一方面学习过程更加个性化,有利于引导学习者激发学习动机、主动学习,并有利于培养自学能力、创新能力。但是在实践教学中,片面地强调"以学生为主体",也容易被学生错误地将学习理解为个人行为,教师无权利过多干涉,从而放弃了传统教学的优良传统,影响了教学活动的质量。比如不再坚持做课堂笔记,理解抽象、逻辑性强的知识内容时一味依赖形象的展示,而不去进行深入的推理思考,导致对知识的掌握只停留在表面,缺乏深层次的、理性的逻辑推理,从而影响了教学目标的精准实现。作为教师方面来说,如果在教学实践中完全放弃传统的教学理念,在一定的时间内完全实施"以学生为主体"的教学理念,就会因为缺乏成熟的教学实施方法而难以把握教学进度,从而影响教学目标的高质量实现。

在传统教学媒体环境条件下,教学实践中强调"面向整体"的教学,教学过程按照相对稳定的流程进行,以满足学习者整体需求,最终实现整体教学目标,相应地在个性化学习方面缺乏有效支持。而在现代的新媒体教学条件下,教学理念日益趋向"面向个体"的教学,这就使得教师能全面地、更加详细地掌握个体学生的学习需求,完成个体化的教学引导。但在教学整个过程中应该实现个体教学需求与整体教学目标的统一,而不是"捡了芝麻,丢了西瓜"。所以教师就需要综合利用各种媒体,拓宽教学活动的时间和空间,将课上以面向整体的教学为主与课下以面向个体的教学为主有机结合,共同完成教学活动,有效实现教学目标。

2.教学模式受教学媒体的制约和影响

在教学实践中,教学模式总是受到教学媒体的制约和影响。比如传统教学媒体条件下,教学媒体比较单一化,教学模式必然以讲授式教学为主,教师只靠一支粉笔、一块黑板和良好的沟通与交流能力,就可以打造一个精彩的课堂。这种教学模式比较重视知识的传授和整体教学水平的提高,学习者需要在生活与社会实践中把知识理解转化成指导实践的理论依据。这种教学模式存在两个方面的不足:一是由于教师对教材内容的理解存在差异,导致学习者接受的教师传递的信息本身可能存在错误;二是这种教学模式导致学习者获得知识的途径较为单一,缺乏有效的知识拓展,学习者质疑能力、发散思维的培养受到限制,最终影响学习者的创新能力。

而随着现代科学技术的发展,新媒体教学工具的不断应用,为教学方法和教学模式的创新提供了重要技术支撑和推动力,例如翻转课堂、情景式等先进教学方法得到了广泛认可。在实施翻转课堂教学模式时,学习者仅利用教材完成课外自主学习难以达到较好的学习效果,多种网络化的教学媒体对翻转课堂的应用具有重要支撑作用。教学实验和实际动手能力的培养被提上教学活动的重要议事日程。因此,教学新媒体的出现和发展更加有利于推动整个教学模式的改变与创新。

3.新媒体的出现对教学方法的影响

一般来说,传统教学方法的主要形式是讲授法、问答法、演示法,这些教学方法依赖的教学媒体也多以教材、板书为主,这主要是受到当时科学技术发展水平的制约,因此一定程度上限制了教学方法的改革与创新。讨论式教学、互动式教学等新兴教学方法往往需要大量教学资源的在线支持,而新媒体教学手段为建设丰富教学资源提供了重要的技术支撑。尤其是网络化的教学媒体资源,可以使教师和学习者随时查看教学资源,特别是计算机三维设计技术在教学中的应用,使得学生可以直接在课堂上动手制作出自己设计的作品,以此验证自己的设计正确与否。在课堂讨论式教学中,学习者也可以用最快的速度查阅资料并进行总结归纳,形成自己的学术观点,这将使讨论式教学的应用更加便利。总之,教学新媒体的不断发展与丰富为教学方法的创新奠定了重要基础。所以可以这样说,有什么样的科学技术,就有什么样的教学媒体,有什么样的教学媒体,就有什么样的教学模式和教学方法。

4.教学新媒体对教学计划实施的影响

在传统教学媒体条件下,教学计划的实施过程较为简单,教师根据教材形成教案,课堂上通过讲授和板书完成课堂授课,课程结束时通过笔试完成课程考核。幻灯片、多媒体课件出现后,教师课前准备除了要形成教案之外,还需要思考如何根据教学对象和教学内容特点,合理利用幻灯片和多媒体课件进行教学展示,最终完成教学目标。在新媒体出现以后,相继出现了慕课、微课等教学媒体,那么教师还需要制作慕课,针对重点知识点制作微课,因此教学组织过程在初次使用新兴教学媒体时将变得较为复杂,但随着课程资源的不断建设,教师授课将更加灵活自如,学习者的学习也将更加灵活高效。另外,现代教学更加注重对学习者能力的考核,运用多种媒体资源可以实现更加全面的考核,有利于达到教学目标。

(四)教学媒体综合运用的原则与方法

千百年来,在人类漫长的教学实践过程中,传统媒体下的教学方法得到了充分的检验,传统教学媒体在教学过程中发挥了重要支撑作用,而现代教学媒体则是应用现代信息技术对传统教学媒体进行改造和升级后的结果。不能因新媒体而否定传统媒体,而应该在教学过程中继承和发扬传统教学媒体优秀经验,发挥现代教学媒体技术先进性特点,推动整个教学质量的不断攀升。

通常,教学媒体的应用可采用以下原则与方法。

1.教学媒体和教学内容要相互适应

不同教学内容需要学习者大脑激发的学习能力也不同。例如,对于高等数学等基础理论课程来说,更多需要逻辑推理思考能力,学习者接受知识、运用知识所花费的时间往往较长,如果在教学中完全采用多媒体等先进教学媒体,那么留给学习者的思考时间就相对较少,学习者较难进行完整的推理思考,不能有效地理解和掌握所学的知识点,因此可以以传统的板书为主要教学媒体。而对于过程复杂、难以实现、实验的关于网络技术的专业课程,若将网络技术、虚拟现实技术用于教学过程,往往可以起到较好的学习效果。期刊文献亦表明,当前虚拟仿真技术已被高校用作汽车维修①、水利水电②、服装设计③、烹饪④等专业的课程教学。总之,教学媒体的运用应根据教学内容特点而合理选择。

2.教学媒体应服务于教学目标

无论采用传统教学媒体还是采用新媒体,都应该以服务教学目标为宗旨。在目前网络化、移动化教学媒体广泛推广应用的情况下,"以学生为主体"的教学理念不断被接受,学习者个性化的学习需求容易脱离教学目标,可能导致教师难以把握教学进程,甚至难以全面掌握学习者的学习情况,从而影响教学目标的达成。因此,教师在应用多媒体教学设备时,要紧紧瞄准教学目标,不能脱离教学目标,使教学媒体服务于教学目标。

---

① 付学敏等.虚拟仿真技术在汽车维修专业实训教学中的应用探讨[J].南方农机,2020(9):206.

② 田园,张文强.探索"互联网+虚拟仿真"模式在水利水电工程教学中的应用[J].杨凌职业技术学院学报,2020(2):60-62.

③ 张晶暄.3D虚拟仿真技术在服装设计专业教学中的应用研究[J].科技经济导刊,2020(9):129.

④ 许文广.虚拟仿真实训软件在烹饪专业实训教学中的应用研究[J].四川旅游学院学报,2020(1):98-100.

3.教学媒体选择应体现实用高效的原则

在教学实践过程中,选择教学媒体的时候,应该坚持实用高效的原则。比如多媒体组合教学不宜过于复杂,而以简洁实用、少而精、省时省力、易于操控为佳。要提高教学投入的性效比,也就是不仅要确保教学媒体好的应用性能,还要对教学效果有显著的提升。能用传统教学媒体讲清楚的,则不用现代教学媒体;能用简单媒体的,则不用复杂媒体;能用低成本媒体的,则不用高成本媒体。现代教学媒体操作总要占用一定的教学时间和资源,因此教师课前要熟练掌握所使用媒体的功能和操作方法,各种附件和软件要准备齐全。

二、移动化智能教学媒体的作用

在智能化、信息化的科技变革浪潮中,基于互联网、移动互联网的广泛应用,出现了各种网络教学平台,同时,多样化的新媒体传播工具也应运而生。尤其是移动信息技术的快速发展,微信公众号、小程序和学习 App 等各类移动互联网应用亦被开始用作课程及课堂的教学媒体。

无论哪种形式的智能教学工具应用,都使课堂教学组织形式发生了巨大改变,并在教学过程中为教师与学生开拓了更多的沟通途径。通过智能教学工具的有效运用,教师与学生可以进行有效沟通和开展互动,从而产生新的教学体验。与此同时,智慧教学工具使较为复杂的知识通过更先进的前沿技术,渗透到教学课件、微信公众号、学习类 App 上,使学生与教师无论是在课外知识拓展、知识预习,还是在课堂教学中,都可做到有效、及时的沟通。移动互联网智能化工具的运用较好地满足了个性化学习需求,不仅使学生的学习更主动、更有效,同时还在一定程度上利于提高教学质量,这是一种"课堂回归",也是学生主体地位的"回归"。总体而言,基于互联网及移动互联网信息技术的课程应用将带来新的课堂"革命"。

(一)借助移动互联网教学媒体,促进"课堂回归"

课堂回归是指运用现代媒体技术使教学回归传统课堂组织形式,从教学主体的角度来说,它可以被解释为新媒体科学技术推动学生主体地位的回归。[①] 在新媒体为主的教学模式中,基于对移动互联网教学媒体的应用,学生在学习过程中能更好地发挥其主观能动性,发挥自主学习的优势,消除被动接受知识的局面。同时,在教学过程中教师将教学主体地位归还给学生,教师更多的是引导学生进入学习氛围。教师通过对移动互联网技术的应用,为学生搭建新的教学平台,并把教学内容与教学目标整合为更加合理的教学资源。同时,教师通过多媒体、大数据等技术的使用,将相关教学内容制作成教学视频课件或电子课件,发布到公共教学平台上。这样,学生基于共享的教学资源,可在课下对新的知识点进行预习。教师与学生基于"线上课堂"展开"教"与"学"的互动。学生根据教师提供的教学课件进行学习,并能根据实际学习内容,与教师或其他学生建立友好、密切的沟通与讨论。同时,教师通过"线上课堂"可及时对学生进行必要的指导。教师基于这样的教学课堂,引导学生进行线上学习,不仅激发学生学习兴趣,还能最大限度地培养学生自主学习能力。

(二)运用现代化智能信息系统,帮助学生巩固所学知识

在完成实体课堂教学后,教师还可以根据学生对知识的掌握情况,长期与学生建立持续的互动关系。教师结合教学进度与学生实际学习内容,

---

① 苏少岩.移动互联网与大数据结合的智慧教学工具探究[J].现代营销(信息版),2019(7):84.

运用互联网、移动互联网等技术创建在线学习平台。在线学习平台,除了为学生提供课程的教学资源外,还可提供练习、测验等。在该模式中,"线上题库"是基于实体课堂的教学内容创建的,目的是检验学生学习效果,并在了解学生对知识运用能力的基础上,帮助学生进一步巩固所学知识。学生在答题过程中,系统会自动提醒学生所做的题目是否正确。同时,基于现代信息技术的应用,学生在答题的过程中,可以根据系统自动纠错功能,及时了解自身学习短板。此外,还可借助微信公共平台向学生推送案例、参考资料、微课等相关学习资源,发布课外学习任务、作业等,特别是可以和学生进行一对一的交流。对学生而言,如果遇到自己无法解决的难题,则可通过互联网或移动互联网及时向教师或同学求助,获得解决问题的办法。

总之,移动互联网技术与大数据的结合运用为教育领域带来前所未有的革命性的教学体验。基于现代信息技术和智能化系统的教学模式为学生创设了更为轻松愉快的学习环境,使他们打破教学时间、教学空间的限制,随时随地都可进行学习。教师运用智能信息系统和智能教学工具,为学生搭建线上课堂,使学生通过知识预习、课后巩固、测验等环节,加深对相关知识内容的印象,并提高自主学习能力。互联网和移动互联网,为教师和学生建立了有效连接,同时还可有效促进学生吸收、内化知识,从而提高他们的学习质量与学习效率。

三、微信在教学中的应用

微信是腾讯公司于 2011 年 1 月 21 日推出的一个为智能终端提供即时通信服务的免费应用程序。微信支持跨通信运营商、跨操作系统平台,通过网络快速发送语音短信、视频、图片和文字,同时,还可以使用"摇一摇""漂流瓶""朋友圈""公众平台"等服务插件。从微信发展史来看,从推出之时的社交工具定位到如今的营销利器,微信的功能开发和应用体现了移动互联网时代社交工具的价值。

现在,微信已经远远不止于最初的移动社交功能。对商家而言,微信具有更大的营销价值。而从高校育人角度看,微信不仅是大学生娱乐消遣的移动互联网平台,还成为知识获取的渠道。通过搜索关键词或关注公众号等,大学生随时都能了解最新动态和信息,知识也已经不再局限于学校和课堂。显然,微信——这个自带社交属性的即时通信工具,已经被悄无声息地塑造成了移动学习场景。与此同时,越来越多的老师开始尝试使用微信平台进行课程教学改革。以"微信教学""基于微信教学""微信公众平台教学"等为关键词在知网中进行检索,相关结果如表 4-1 所示。从中不难发现,现有知网中有关将微信公众平台用作教学方面的文献数据的数量在一定程度上反映了基于微信平台进行教学改革的热度。同时,此现象也表明了基于微信平台的"微教学"模式对于促进学习、主动学习发挥了积极作用,具有较高的推广和应用价值。

表 4-1　知网关键词调研数据

关键词	近 3 年文献数量(篇)		
	2015 年	2016 年	2017 年
微信教学(主题)	71	96	149
基于微信(主题)+教学(篇名)	99	199	327
微信公众平台(主题)+教学(篇名)	118	253	387
合计	288	548	863

基于微信的课程建设是"移动互联网＋教育"的一种有效尝试,无论对移动学习资源构建还是移动学习模式探索都发挥了积极作用。从课程的应用载体来看,基于微信的课程教学主要分为微信群、微信公众号和小程序三种类型。

(一)基于微信群的课程教学

微信群作为微信基本的功能之一,用微信中一个小小的"@"符号便能有效地实现师生互动和交流,同时也方便信息的共享。现有的文献显示,已有学者基于微信群进行了课程教学应用和研究。如:王伟芳(2017)基于整体教学设计视角对微信群教学策略进行了研究,提出可以通过微信群发布学习资料或资源,组织学生进行学习,从而可以及时发现学生学习中遇到的问题,并给予指导和建议[①];王景梅则基于翻转课堂的课前知识学习、课中知识内化和课后知识巩固三个阶段,提出利用微信群进行答疑交流和资源的共享[②];黄水南(2016)、王钧玉(2017)都认为微信群利于促进师生情感的交流,教师可利用微信群了解学生、开展指导,帮助学生答疑或引导学生讨论[③]。总体而言,基于微信群的课程教学具有明显的两大特点是师生友好交流和资源共享。

但是,基于微信群的课程资源仍然存在一些不足,具体包括:

(1)课程资源无法长时间保留。因微信群自身功能限制,上传到微信群的资源有时间限制,如果长时间未下载将会被微信后台清理,从而导致文件

---

① 王伟芳.整体教学设计视角下课程微信群教学策略研究[J].教育教学论坛,2017(24):135—136.

② 王景梅.基于"微信群"平台的翻转课堂教学模型探析[J].职业时空,2016(1):67—69、76.

③ 王钧玉.微信群在高校师生交流平台建设中的应用[J].三门峡职业技术学院学报,2017(2):145—148.

永远无法下载。这就使得一旦有学生错过教师上传的资料,他将永远无法下载。此外,微信群资料查找不方便,如果学习者想要翻阅之前的资料,往往很难快速找到。

(2)功能有限。基于微信群的课程教学的主要作用是信息交流和资源的共享。这种方式虽是课堂交流的一种有益补充,但群里人数众多也会导致有效信息被淹没。

(二)基于微信公众号的课程教学

1.微信公众号概述

微信公众号也称微信公众平台,由腾讯公司在微信的基础上进行拓展开发,其于2012年8月23日正式上线且之后进行了多次升级。目前微信公众号可以为个人、企业和组织等不同对象提供业务服务与用户管理能力服务,具体又可分为订阅号、服务号和企业微信等。其中,企业微信是微信团队为企业和组织内部提供的移动应用入口,也就是说只有企业的内部员工、供应商等具有合作关系的组织才能使用这个平台。因此,我们一般很难接触企业号类型的公众号,但是订阅号和服务号却一直在我们的微信里活跃着。

(1)订阅号。作为一种新的信息传播方式,订阅号主要功能是在微信侧给用户传达资讯。适用人群主要有个人、媒体、政府或其他组织,其推送规则为一天内可群发一条消息。当前订阅号已成为企业品牌宣传、市场推广的重要渠道之一。

(2)服务号。服务号开放的接口比较多,主要针对企业,是以服务为主要作用的账号,功能强大,不需要过多推送内容,适用人群包括媒体、企业、政府或其他组织。服务号可为企业和组织提供更强大的服务与用户管理能力,帮助企业实现全新的公众号服务平台,其推送规则为每月可群发4条消息。

微信公众号作为新型媒体,应用范围已经涵盖电商、保险和教育等诸多行业。目前,以商业运营为具体目的的微信公众号已经相对成熟,从某种程度上看,微信公众号已经成为各大企业主流的网络平台。这些企业通过微信公众号发布产品和服务的信息、与用户进行互动及销售产品。微信公众号已然成为企业移动互联网营销的利器。

2.微信公众号在教学中的应用

当前,已经出现了诸多的教育类微信公众号。公众号大数据服务商西瓜数据平台显示,现有教育类微信公众号已经细分为母婴早教、K12教育、高等教育、非学历教育等类型,涉及学前、初中、职场教育、公职教育等领域。图 4-1 为高校教育类微信公众号。

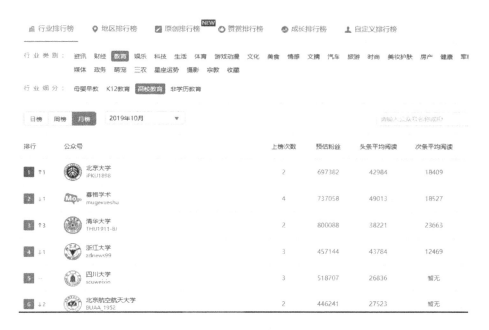

图 4-1　高校教育类微信公众号

事实上,在移动互联网盛行的今天,几乎所有高校都开通了微信公众平台。高校微信公众平台是时代发展的一种产物,已经成为高校校园媒体的主要形态,在高校的形象展示、品牌宣传、服务和管理等方面发挥了积极的作用。而从高校教学来看,微信的兴起,一方面让高校教师敏锐意识到微信将对教与学带来的深刻影响,另一方面微信平台的技术也为课程平台建设提供了有力保障。尤其是微信公众号的出现和应用,使得课程微信公众号开设也并非难事。因此,近几年来已经有越来越多的老师开始尝试使用微信平台进行课程教学实践与应用。

从高校在微信公众号教学应用的情况看,当前主要表现出以下几方面特点。

(1)从学科来看,现有建设的微信公众号课程可分为公共课程和专业课程两类。相关课程主要涉及大学英语、体育、思政等公共课,此外还有计算机类、财务管理、flash动画、汽车修理等专业课程。究其原因,从公共课程看,往往一个年级的学生都要开课,所涉及学生人数很多,具有广泛的受众基础,因此,对公共课程进行微信公众平台建设具有很高的应用价值。专业课程则专业知识性很强,能力点很突出,因此对专业类课程进行微信公众平台建设对于学生及时掌握专业知识有很好的辅助作用。一方面可以更好地发挥学生的学习主动性,另一方面能帮助学生查缺补漏,及时巩固所学知识。

(2)从内容看,当前建设的各类课程微信平台主要使用了推送文章、发布通知和微课学习等功能。通过课程微信平台实现学习资源发布,包括PPT课件下载、作业布置、课后阅读等。此外,教师在教学模式上也做了各种探索,包括微课视频、翻转课堂、体验式、混合学习等。教师结合课程特点对课程进行了一定的改革,如:有的课程利用微信公众号进行师生信息交流,实现课后辅导;有的开发H5网页,用移动端特效展现课程内容;有的利用微信调查学生兴趣,推动课程内容改革。从教师的角度看,微信课程平台实现了"再小的个体,也有自己的讲台",对于促进知识的传播和分享发挥了积极的作用。从学习者角度看,基于微信的学习平台,满足了随时随地移动学习的需求,提高了自主学习的便捷性和灵活性。总体而言,基于微信平台的课程教学功能丰富,教学模式丰富多样。

3.课程微信公众号案例

浙江金融职业学院电子商务专业的网络营销课程团队对基于微信公众号的混合教学模式进行了为期两年的实践研究。该项研究表明,基于微信平台的课程教学改革可以突破传统课堂教学在时间和空间上的限制,积极发挥学习者的主观能动性。该课程的微信公众号建设和实施的基本情况如下。

(1)微信公众号基本信息

类型:订阅号

名称:网络营销课程助手

微信号:wlyxhelper

课程介绍:浙江金融职业学院网络营销课程公众号,分享网络营销故事、案例、方法和技巧。

(2)微信公众号栏目

微信公众号的一级菜单设为"@你""我要提问""更多"三个栏目,在"更多"一级菜单中下设"课堂签到""联系我们""微课"等二级菜单,如图4-3所示。其中,"@你"围绕学生关注的课程"学什么""怎么学",提供课程学习内容和学习建议,通过此栏目让学生在开课初就形成课程的基本认识。"我要提问"则可以较好地解决学生课后提问、复习等需求,通过技术实现学生自助学习服务。"更多"栏目则提供了微课学习视频、课堂签到和教师联系方式等信息。

图 4-2　微信公众号网络营销课程助手界面

（3）微信公众号接口开发

网络营销课程微信公众号建设了一套混合云课程管理平台，通过对微信公众号的接口设计和开发，实现了学号实名绑定、签到、智能问答、报表导出等功能。

■　学号实名绑定。当学生第一次关注课程微信订阅号时，平台会要求输入学号，待学生学号输入完毕便会自动将学生学号和微信公众号

平台进行绑定(图 4-3 为测试学号绑定示例),从而为后续签到、提问
等提供实名依据。

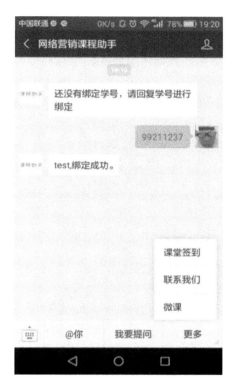

图 4-3　测试学号绑定示例

■ 签到。学生拍照随堂签到,采用电子化方式实现高效率考勤。
■ 智能问答。智能问答功能是针对学生的个性学习需求而设计的。通
过事先建设一个常见问题库 FAQ(常见问题解答)及关键词设置,课
程微信公众平台能自动反馈学生的搜索需求,实现课程平台的自助
服务。与此同时,FAQ 还可设为动态型,对无法匹配的问题自动收
录到待处理问题列表,并由专业的老师进行人工审核和答复,同时系
统也将自动更新 FAQ,如图 4-4、图 4-5 所示。通过这种"一问一

答",实现 FAQ 的自助服务和动态更新。这种基于 FAQ 的自助服务方式一方面可以快速地响应学生提问的需求,另一方面还大大提高了教师课后答疑解惑的效率。在 FAQ 建设中,把学生在课程学习中可能会遇到的诸如概念查看、课件下载、问题咨询等常见问题进行了整理,并当学生有查询需求时实现系统的自动回复。

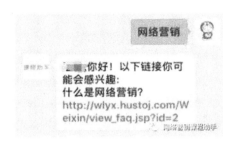

图 4-4　FAQ 自动回复(1)

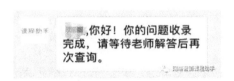

图 4-5　FAQ 自动回复(2)

■ 报表导出。为老师提供考勤、微信公众号交互应用详情等各方面信息的汇总查询,方便教师开展教学管理工作。

(4)微信公众号文章

对课程微信公众平台上的文章进行针对性地撰写。课程微信公众号文章主要由老师撰写,但同时鼓励学生积极参与写作。在内容选择上,结合每次授课内容要点,围绕知识点和技能点设计相关文章内容。形式上则灵活采用讲故事、案例点评、方法技巧分享等做法,结合授课内容、日历、互联网事件等,每周在课程公众号上推送 3～4 篇相关文章。微信公众号文章具体结合授课对象及文章内容灵活推送,分为课前、课中和课后三种类型。

- 课前:主要推送课程回顾、相关案例等内容。通过课前推送,一方面帮助学生对所学知识进行回顾,另一方面引导学生对案例、现象等进行思考,从而为新课内容学习做好准备。

- 课中:除了实时推送和本节课所学相关的案例、知识点、方法等内容,还可开展课堂调查、知识点测试等。此环节通过课程微信平台的信息推送功能开展课堂教学,一方面可有助于改善学生上课走神不专心的情况,另一方面能让老师及时了解学生对知识点的把握情况。

- 课后:主要推送故事、理念、产品、互联网事件等和网络营销相关的各种信息,帮助学生拓宽视野、学习知识。此外,也鼓励学生使用课程微信公众平台的智能问答系统和老师进行交流,如进行教学反馈、提问等。

从项目的实践效果来看,首先,基于微信公众号的课程教学应用实施,积极发挥了课程平台的学习功能,有效提升了学生的职业素养和职业能力。其次,项目的实施为学生网络营销实践能力提升奠定了良好基础,为学生顺利就业、学生干部管理工作的开展等储备能量。最后,项目的实施为部分学生的创业提供了有益思路和策略指导。在课程学习中,部分学生感受到了网络营销的魅力并付诸实践,积极尝试淘宝网店、微商等工作,并取得了较好的业绩。

(三)基于小程序的课程教学

1.微信小程序概述

微信小程序,简称小程序,它是微信平台上开发应用系统的新技术,于

2017年年初上线。微信小程序可以在微信内被便捷地获取和传播，同时具有出色的使用体验。微信小程序的特点主要有以下几点。

（1）轻应用。微信小程序是一种不需要下载安装即可使用的应用，它实现了应用"触手可及"的梦想，用户扫一扫或搜一下即可打开应用，也体现了"用完即走"的理念。小程序随时可用但又无需安装卸载，作为一款手机端轻应用，可以很好地满足用户"易使用、低内存"的要求。

（2）门槛低，易推广。对于开发者而言，小程序开发门槛相对较低，难度不及App，能够满足简单的基础应用，适合生活服务类线下商铺以及用户进行非刚需低频应用的转换。小程序能够实现消息通知、线下扫码、公众号关联等七大功能。其中，通过公众号关联，用户可以实现公众号与小程序之间的相互跳转。

（3）使用方便。当前，小程序、微信公众号基本已成企业网络营销的基本配置。和微信公众号相比，小程序并非需要关注操作，只要简单地扫一扫即可打开，而且小程序还支持用户的身份识别，通过微信登录不需要输入用户信息即可直接使用，方便快捷。这些"小而美"的特点也让用户获得了良好的使用体验。

当前，小程序的应用数量已经超过百万，覆盖200多个细分的行业，日活跃用户达到2个亿，小程序还在许多城市支持地铁、公交的票务服务。

2.微信小程序应用模式

当前，微信小程序的应用模式主要有以下四种。

（1）微信公众号绑定微信小程序。根据微信公众号规则，微信公众号支持绑定微信小程序，要求公众号主题与小程序主题一致，每个公众号最多可绑定5个小程序，并且1个小程序最多可被1个公众号绑定。一旦微信公众号绑定了微信小程序，该公众号的推送内容页面和介绍页面将同时出现在绑定的微信小程序入口，而且微信小程序的介绍页面也同步展示该微信公众号。

（2）公众号关联和模糊搜索。目前，微信小程序不支持线上长按识别二维码，但已支持模糊搜索，支持微信小程序与微信公众号互跳。这种情况下，运营好的微信公众号能给微信小程序带来用户和流量。

（3）微信群分享和用户留存。作为微信衍生出来的工具之一，现在微信小程序可以方便地在微信好友、微信群中进行分享。事实上，很多微信用户接触微信小程序最直接的渠道便是微信群。当小程序被分享时，自然会在微信群中出现微信小程序的标题、简介等，这也为微信小程序的应用提高转化率。

（4）线下推广。小程序的线下应用场景很多，也因此诞生了各种类型的小程序，比如公交小程序、旅游小程序、娱乐小程序、快递小程序、健康小程序等。这些小程序的主体主要涉及政府部门和企业，相应地，其存在的目的则分别为便民类信息传播、开展商品或服务的销售。以企业为例，比如线下门店可以把微信小程序的二维码贴在明显的地方，便可为线下门店带来流量。

3.微信小程序在教学中的应用

以"微信小程序"为主题关键词在中国知网进行检索，截至 2020 年 7 月 10 日，文献共计 1189 篇。知网信息显示（如图 4-6 所示），微信小程序相关文献研究于 2016 年开始，这一阶段属于研究的萌芽期，大部分属于对微信小程序进行新闻报道的文献；从 2017 年至今，处于迅速发展期，微信小程序开始被应用在系统设计、教学研究、图书馆管理等多个领域，其中"学习平台"主题 9 篇、"图书馆"主题 35 篇（如图 4-7 所示）。此外，结果还显示，微信小程序在"学习平台"主题的研究主要集中在 C 语言程序设计、数据结构、英语、思政等课程的应用上。在图书馆管理中，微信小程序主要被用于座位预约、图书借阅、图书推荐、智慧图书馆等方面的应用和实践。

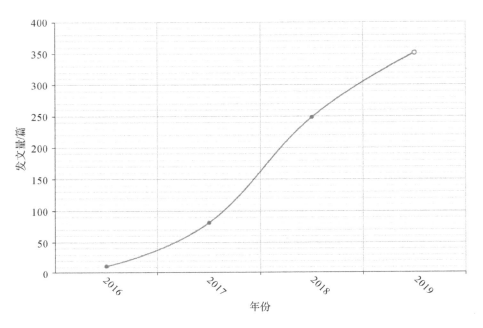

图 4-6　知网中"微信小程序"文献发表年度趋势

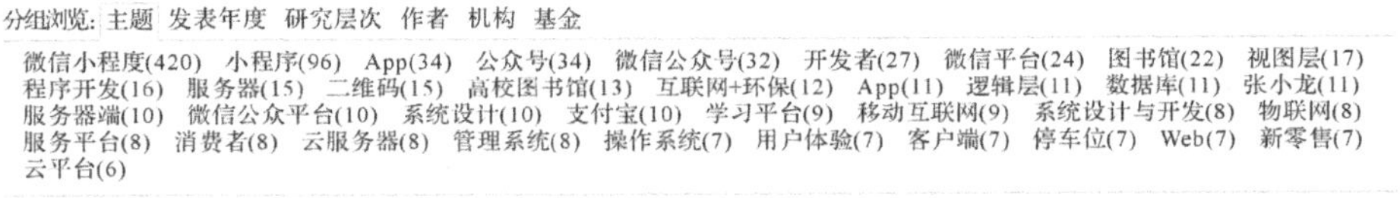

分组浏览: 主题 发表年度 研究层次 作者 机构 基金

微信小程度(420)　小程序(96)　App(34)　公众号(34)　微信公众号(32)　开发者(27)　微信平台(24)　图书馆(22)　视图层(17)
程序开发(16)　服务器(15)　二维码(15)　高校图书馆(13)　互联网+环保(12)　App(11)　逻辑层(11)　数据库(11)　张小龙(11)
服务器端(10)　微信公众平台(10)　系统设计(10)　支付宝(10)　学习平台(9)　移动互联网(9)　系统设计与开发(8)　物联网(8)
服务平台(8)　消费者(8)　云服务器(8)　管理系统(8)　操作系统(7)　用户体验(7)　客户端(7)　停车位(7)　Web(7)　新零售(7)
云平台(6)

图 4-7　"微信小程序"相关文献主题

　　微信发布的最新版小程序服务范围列表包含了商业服务、工艺、快递业
与邮政、教育、医疗等 19 个大类的小程序应用场景,覆盖生活的方方面面。
其中,教育领域的微信小程序包括教育信息服务、培训机构、出国移民、驾校
培训、学历教育、婴幼儿教育、在线教育、特殊人群教育、出国留学和教育
装备。

微信小程序的出现为课程教学提供了新的思路。与微信公众号类似，微信小程序在教学中的应用主要表现为教育资源共享和个性化教学。一方面，通过微信小程序可以实现教学课件、微课视频等学习资源的共享，从而方便学习者进行自主学习。另一方面，微信小程序还可有效实现移动端学习和课堂学习、课上学习和课下学习相结合，推动学科的教学改革。此外，基于微信平台的课程建设可以为学习者定制学习策略与方法，很好地满足学生个性化学习需求。总之，在碎片化时代，基于微信平台的移动学习已是主流，对于教育者而言是一种改革探索，对学习者而言则是"移动互联网＋"背景下的一种学习模式。

现在，微信小程序已经在一些高校中被用于教学和管理。例如，部分高校在打卡程序中除了集成学习资源，还融入了社交功能，让学生在学习的同时还可主动分享自己在专业、课程领域的兴趣爱好，在很大程度上提升了学生自主学习的积极性。此外，一些高校教师也尝试运用微信小程序进行教学模式的创新。例如，学堂在线与清华大学在线教育办公室共同研发了一款名叫"雨课堂"的小程序。该款小程序旨在连接师生的智能终端，对课前—课上—课后的每个环节都赋予全新的体验，最大限度地释放教与学的能量，推动教学改革。通过"雨课堂"，教师可以将带有慕视频、习题、语音的课前预习课件推送到学生手机，师生及时沟通，课堂上实时答题、弹幕互动，为传统课堂教学师生互动提供了完美解决方案。

4. 微信小程序案例

"雨课堂"是学堂在线与清华大学在线教育办公室共同研发推出的移动端应用。该款应用是基于微信和PPT的智慧教学工具，只需一台装有PPT软件且可以上网的电脑和能使用微信的手机，就能将传统学习活动与移动互联学习活动结合起来，较好地契合了"互联网＋教育"时代的学习需求。

雨课堂功能全面、操作便捷，具有手机推送课件、幻灯片同步、课堂习题应答系统、弹幕式课堂讨论、数据采集和分析五大功能。综合来看,雨课堂的功能与价值主要包括几点。

(1)可营造互动、高效的学习环境。教师用微信创建虚拟课堂,借助"雨课堂"进行多屏互动、实时答题、弹幕讨论、课堂投稿、投票等,使"课前—课上—课后"的每个环节都能开展互动学习,让学生最大限度地参与课堂。通过雨课堂,课前,教师可将丰富的教学资源轻松插入幻灯片,随时随地推送到学生微信,从而方便学生灵活地开展课前学习。课中,雨课堂将传统学习活动与手机终端学习结合起来,赋予了传统学习新的表现形式。尤其是限时答题、发送弹幕和随机点名等功能,可以提升学生的学习体验。通过雨课堂,教师可以一键发送融入 PPT 的习题,可限时、可续时,随时讲、随时测,实现了快捷的课上测验。课外,学生可以利用碎片化时间在雨课堂进行移动自主学习,如学习雨课堂内包含语音讲解的多模态 PPT,在雨课堂提交文字、图片或语音等形式的作业等。

(2)支持"异步"和"同步"的双通道学习。雨课堂支持课前异步学习,允许每位学生根据自身情况自主学习教师推送的内容;而同步探究是指在教师的引导和帮助下,学生就某些重、难点问题共同开展深层次探究。

(3)教学行为全记录。雨课堂可以自动采集课内外所有的学习行为数据,方便教师跟踪监测、实时评估并量化了解学生的学习效果,促进教学从经验驱动转变为数据驱动。雨课堂可以记录每位学生的学习过程数据,给出初步分析结果并将其发送给教师。通过这些数据,教师可以把握学生的学习轨迹、量化学生的学习效果,以便对后续的教与学进行预测,从而更好地引导和帮助学生学习。雨课堂的价值不仅体现在技术层面,更表现为对全新教学理念的支持。将雨课堂引入混合学习,有助于解决传统混合学习中存在的诸如对深层次知识学习不到位、诊断评价不到位等问题,从而推动深度学习培养目标的顺利实现。

自 2016 年 4 月以来,全球有超过 10000 所学校的师生在使用雨课堂(如

图 4-8 所示)。相关研究成果发现,雨课堂技术手段的干预对学习进程起着正向激励的作用,在教学大纲设计、学习行为和教学决策方面都产生了积极影响。在高校外语教学领域,一些学者研究了雨课堂在大学英语、专业英语阅读、商务英语翻译和研究生英语等课程中的应用情况,发现雨课堂不仅有助于提高学生学习参与度、培养学生英语学习兴趣、提高学生学习效率并加强师生互动,而且有助于教师深入了解学生的学习行为特征,提高教学质量。

图 4-8　雨课堂应用高校

四、基于 App 的移动教学

移动学习是一个以信息技术为支持的多领域、多学科交叉的研究课题,也是国内外教育技术领域研究的核心问题。互联网技术的快速发展给各行各业注入了新的动力,教育行业也是如此。随着我国移动互联网技术的快速发展,高校校园基本覆盖无线网络,在校大学生几乎人手一部智能手机,学生在手机端的应用表现出异常的活跃性。由此高校开始尝试移动互联网技术的应用和推广,教学和学习 App 应用软件也随之兴起。

App 全称 application,中文含义为应用程序。App 是基于移动互联网开发的软件应用程序。当前,移动 App 种类异常丰富,包括购物、学习教育、影音视听、旅行交通、金融理财、聊天社交、游戏等。移动 App 为互联网用户提供了便利,只要选择了合适的 App,便可随时随地开展或办理自己需要的业务。其中,学习 App 也成为学校、教师和学生信息传播的高效渠道。通过移动学习 App,提高了学校职能部门的工作效率,同时也为师生的互动和交流,尤其是课程的教与学,提供了新的思路和方式。

当前,App 市场中的移动学习 App 数量众多而且各有特色,即使针对同一市场,也存在多个 App。例如,英语学习 App 市场中就有流利说、百词斩、英语趣配音等诸多受欢迎程度高的 App。从中不难看出,移动学习已成为一个热门市场。从高校课程移动学习 App 来看,目前应用较为广泛的主要有超星学习通、蓝墨云班课等。

(一)超星学习通 App

超星学习通 App 是由超星公司开发的一个手机在线自学客户端,是基于微服务架构打造的课程学习、知识传播与管理分享平台。它利用超星 20 余年来积累的海量的图书、期刊、报纸、视频、原创等资源,集知识管理、课程学习、专题创作、办公应用为一体,为用户提供一站式学习与工作环境。超星学习通支持用户根据自己的喜好在线学习课外内容,每个学习教程后面都会有专门的提升练习。而且下载超星学习通 App 后,还可以在图书馆借阅、查询、搜索、下载图书馆的资料,也可以在超星学习通手机版学习本校或外校开放的各门课程。超星学习通提供了各类学习小组、讨论群,使用户在使用校园服务的同时,还能参考百万余册电子图书和文章、文献数据。

当前,超星已为全国多个学校提供学习通 App 的定制开发,如西安交通大学、华中师范大学、上海政法学院、山东工商学院、浙江金融职业学院、武汉警官职业学院等高校均为它的用户。虽然各大高校有着各自的软件开发需求,但是总体来看,这些学校的超星学习通 App 仍然具有一些共同的特征:

1.基于元数据的统一检索,集成传统与数字服务;

2.资源共享云服务,私人化读书空间;

3.个性化订阅体验,智慧的虚拟空间;

4.多样化的学术交流,全终端学术交流平台;

5.用户可以在学习通上自助完成图书馆藏借阅查询、电子资源搜索下载;

6.图书馆最新资讯浏览,专业课程学习,小组讨论,查看本校通讯录;

7.拥有超过百万册电子图书、海量报纸文章及中外文献元数据,为用户提供方便快捷的移动学习服务。

以基于超星学习通的课堂教学为例,超星学习通可以实现点名、抢答、互动搜索、查询、问卷调查等功能的融合。移动教学的开展可以有效提高学生的学习兴趣,避免了老师对照课件照本宣科的问题,活跃了课堂氛围,提高了同学们的逻辑思维、信息处理、语言表达等能力。作为一款移动学习软件,很多教师认为超星学习通好用、实用、全面丰富且易操作。超星学习通的功能有点类似于微信,除了具备发红包、聊天、建群等社交功能之外,还提供了强大的学习功能和良好的用户体验,这也是其魅力所在。

总体来看,超星学习通已经超越了课堂学习的需求,在知识共享方面发挥了积极的作用,无论是教师还是学生都受益匪浅。事实上,任何学习者都可以利用超星学习通来学习、查阅资料、共享海量资源,教师则可以用它来辅助上课。基于超星学习通平台的讲授和学习,课堂互动功能能得到更好的发挥。而且,超星学习通平台可生成记录课堂整个过程的课堂教学报告,包括学生课堂表现、教学视频浏览纪录等,有助于教师进行数据统计并做及时调整。

(二)蓝墨云班课 App

蓝墨云班课由北京智启蓝墨信息技术有限公司开发,这是一款专为广大教师用户群体设计的移动教学云服务平台。蓝墨云班课将移动互联网技术与实时互动课堂模式进行了结合,提供了包括学生管理、通知发送、资源分享、布置批改作业、组织讨论答疑、开展教学互动等功能,同时还可自主创建投票、问卷、讨论或头脑风暴,并指定课前学习内容,再据学生提交的反馈调整课堂面对面的教学活动,使课堂内容更切合学生的学习需求。

借助蓝墨云班课,教师可以完整地控制整个教学过程,教师的各项操作都会由对应的按钮启动。课前,结合教学过程的设计,教师可以提供相应的预备教材、课程资源等内容,帮助学生提高学习兴趣。具体来讲,教师可在蓝墨云班课平台中进行信息推送,如学习任务、课程课件、视频共享和学习资料等,并提醒学生学习。课中,教师则可自主创建投票、问卷、讨论等活动,并使用平台提供的头脑风暴、课堂问题、课堂测试等活动来检查学生的学习情况,及时发现学习中的漏洞。课后,平台可以安排相应的学习任务和作业,帮助学生查看学习进度和学习记录,帮助教师对学生的学习效果进行评估。在课程结束时,分析学生的出勤率和任务完成情况,对学生平时成绩进行考核。

其中,对于学习效果的评估和反馈也是蓝墨云班课 App 的主要特色之一,具体表现在以下几个方面。

一是评估方法的多样性。蓝墨云班课的评价方法包括教师直接评价、小组评价、学生相互打分。所采用的评价方法是一个比较完善的评价体系，可以激发学生的积极性和主动性。

二是评价标准的量化。面对主观影响因素多的学科，要客观公平地打分，特别是在同学之间相互评分的环节中，蓝墨云班课采用的方案是：授课教师在课前设置评分标准时，尽可能使用可以量化的、详细的标准。相互打分时，授课教师要参与其中，在给予学生评价时，教师可以参考其他学生对他的评论，并查看其他学生的分数，以确保分数公平准确。

三是开发了"指定学生重新提交作业"的功能，使教师对已经完成作业的学生也有时刻监督的能力。学生不能够因为自己已经上交了作业而不再关注课程，而需要随时关注自己的作业批改状态，随时准备在老师的指导下修改自己的作业。

四是将过程评价与总结性评价相互结合起来。蓝墨云班课在课程结束之后会生成可视化的汇总数据，其中不仅仅包含学生的平时成绩和期末成绩，还包含学生的经验值积分状况。学生的最终评价不仅是考试的结果，还包括观看视频、阅读图文、参与讨论和表扬、评估他人和自我评估、出勤情况等，因此评估更具体、更全面。

根据知网相关信息显示，以"蓝墨云班课"为关键词进行查询，共返回941条相关文献（如图4-9所示）。结果表明，蓝墨云班课的研究从2016年开始呈逐年上升趋势（如图4-10所示），主要集中在大学英语、计算机类、医学类、工程类等课程上的教学实践，且主要用于翻转课堂、混合教学模式等方面。

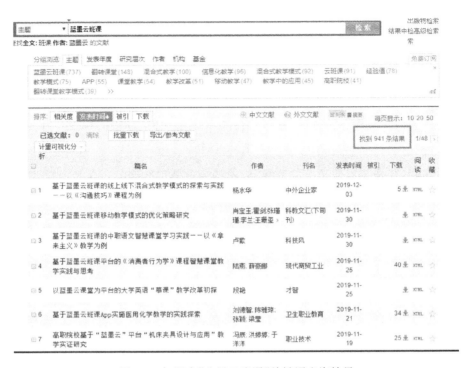

图 4-9　知网中"蓝墨云班课"关键词查询结果

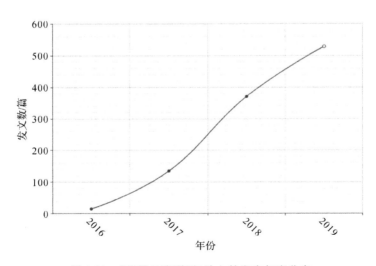

图 4-10　"蓝墨云班课"相关文献发表年度分布

五、结论

（一）移动课程的教学媒体呈现多样化

随着互联网技术的发展，移动课程的教学媒体变得越来越丰富。从 PC 端到移动端，教育界对教学媒体的使用探索真正做到了与时俱进。移动互联网普及的今天，基于移动端开展教学已经成为常态。微信公众号、微信小程序、App 这些本作为商业载体的平台也开始被逐渐引入学校中。在高校管理部门的大力推动下，移动课程的应用也开展得如火如荼。可以预见，未来移动课程的教学媒体仍将继续衍变和发展。

（二）移动课程教学媒体对教学质量的提升有着积极作用

无论是基于微信公众号还是 App，虽移动教学媒体不同，但它们对教学效果及学习效果的提升都发挥了积极的作用。对教师而言，基于移动课程媒体的教学可以有效控制课堂，在课前、课中和课后每个环节都能获得有效信息，而且过程性信息能够被这些移动教学平台全面及时地记录下来，并且还能借助教学平台的量化方式对学生的成绩进行评价。此外，学生的学习情况反馈也为教师的个性化教学提供了依据，从而便于进一步开展个性化的指导建议。对学生而言，移动教学平台信息丰富、学习灵活，可以有效提升学生的兴趣和自主学习能力。同时，移动教学平台的使用对于促进师生关系也发挥了积极的作用。

（三）移动课程教学媒体的应用中存在的问题

虽然移动课程教学媒体有着诸多优点，但是在具体应用中仍然可能会遇到一些问题。我们应正视这些问题，积极寻求破解问题之法。

第一，对教师而言，移动课程教学平台是一个新事物，有个别老师习惯了之前的教学方法和载体，就有可能存在"拒绝"的心理，不愿尝试使用移动教学平台。有的高校是由教务处在推进学习平台的应用工作，这就容易出现应付了事的情况，由此对教与学都带来了不好的影响。

第二，移动课程教学对教师提出了新的要求。移动课程教学开展的过程中，课前、课中和课后每个环节都应有相应的活动和内容，这就对教师的教学设计能力提出了更高的要求。此外，课前资源推送、与学生的互动反馈等工作都需要教师在上课之余花精力去开展实施，在一定程度上增加了教学工作量。

第三，移动课程教学中如何调动学习主动性不高的同学的积极性。虽然基于移动课程的教学对学生的自主能力提升有所帮助，但当面对一些不愿学习的学生，如何去保证移动课程教学的全面开展？如何做到兼顾所有同学的学习意愿？这些问题仍然需要我们努力去找到更有效的答案。

第四，移动课程开展中可能会遇到一些意外情况。移动课程教学完全基于移动端开展，一旦遇到网络不通畅、学生忘带手机、手机没电等突发情况，教师该如何开展教学，需要有相应的预案。

基于以上几个方面的分析，不难看到，移动课程的教学是一个系统工程，需要师生共同协作开展。在"互联网＋"时代，信息化、移动化教学必将成为一种发展趋势，合理应用新型教学媒介不仅可以提高学生的学习积极性，还可以为教师提供更多的教学思路和方向。因此，面对不断变化的世界和环境，教师应不断学习，努力提升自己的教学设计能力和水平。

（执笔人：王　煜）

第五章　移动课程的新形态教材建设

　　我国教育改革的不断深化、移动互联网技术的快速发展使得学生的学习习惯、阅读习惯等不断朝个性化、自主化方向发展。教材是职业教育人才培养的重要依据,是直接影响教学质量的关键要素,因此,传统纸质教材的呈现形式越来越跟不上这种变化。为了适应这种变化,我国教育部更加重视数字化教学资源建设,不断颁布一些鼓励政策,为数字化资源建设工作创造有利条件。2019 年 3 月,《国家职业教育改革实施方案》明确提出,倡导使用新型活页式、工作手册式教材并配套开发信息化资源,适应"互联网＋职业教育"发展需求,运用现代信息技术改进教学方式方法。在此背景下,由数字化教学资源与传统纸质教材相融合的新形态教材正得到建设与应用。

一、新形态教材及其功能特点

　　新形态教材是以纸质版教材为核心,通过互联网,将多媒体教学资源与纸质教材相融合的一种教材建设新形态。出版社通过对纸质教材和数字资源进行一体化设计,充分发挥纸质教材体系完整、数字资源呈现多样的特点,并通过数字平台的网络技术、新颖的版式设计和内容编排,建立纸质教材和数字资源的有机联系。

相对传统纸质教材,新形态教材具有以下功能和特点。

1.丰富了教学内容的呈现方式

传统教材只有纸质部分,而新形态教材是由纸质部分和数字资源组成的。纸质静态的部分有文字和图片,而数字资源部分由于有平台的支持,呈现方式多种多样,既可以是静态的,也可以是动态的,形式丰富多彩,可以使学生实现视频、动画、分享等双向互动学习,既保留了传统教材的阅读体验,又更好地融合了新形态教学的互动性。数字资源满足文本、音频、视频及动画等多种形式的媒体呈现,最大限度地丰富了教学内容的呈现方式。

2.兼顾了理论的稳定与实践的发展

理论知识体系相对有一个稳定的阶段,这部分内容通过新形态教材的纸质部分来展现,纸质教材承载的是教学的完整知识内容;而行业的实践却在不断地发展,新形态教材的数字资源部分正好可以对行业前沿、实用案例等更新变化快的部分进行即时化的展示。这就实现了理论知识与行业实践的兼顾。

3.为学生的个性化学习提供了时间和空间

新形态教材的数字资源通常包括移动客户端,这使得图文并茂的弹性化教学与学习成为可能,为学生的个性化学习提供了时间和空间。学生可以根据自己的学习情况选择针对性的数字资源进行学习,丰富的资源呈现形式也提高了学生的学习兴趣。学生还可以通过灵活的网络考评方式,了解自己的知识与技能掌握水平,对于有所欠缺的技能和储备不足的知识,还可以有针对性地提升和补缺。

4.满足教材内容的适时更新

传统纸质教材内容的更新要在教材重印时才能实现,如果改动幅度较大,还需要做修订改版的工作,教材更新的周期长,更新难度也较大。对于行业应用型专业的教学而言,由于行业企业信息变换的速度快,这就决定了传统纸质教材无法跟上行业发展的速度。在这一现实情况影响下,新形态教材的数字资源就极具优势,它可以随时替换的特点满足了对教材内容适时更新的要求。

5.拓展了资源的使用范围及价值

教材开发是一种具有教育属性的商业行为。传统教材仅以书稿形式一次性开发获利,目标客户局限,收益来源单一。与此同时,不同用户的个性化需求却也没有得到及时关注,教材资源的深度价值没有得到有效开发。要解决这种教材资源供需不匹配的矛盾,关键要改变资源成果形式,深挖资源使用价值。新形态教材在"互联网十"背景下,出版商和编者主动开发网络服务平台或与自媒体服务平台对接,对教材资源进行二次开发,提供新产品,并通过链接、扫码等方式实现数字资源拓展服务。

6.可经济地实现教材版面"彩色化"

目前国内纸质教材受学生购买力和购买习惯影响,主要采用黑白印刷。而新形态教材通过数字内容补充则很容易实现教材彩色化。

7.符合当前的环保理念

传统意义的教材印刷和出版无论是原材料还是生产均不属于绿色环保范畴,纸质书的存储与运输也占用较多的社会资源。而新形态教材开发趋势使纸质部分越来越少,但承载的内容却越来越丰富。这样既可以减少纸质教材的生产,降低资源浪费和成本,又可以满足对社会资源的节约、环保等要求。

二、新形态教材建设的必要性

1.高质量人才培养的需要

大学的教学跟中小学不一样,课堂的教学更多起一个引领、指导的作用,更多的学习需要学生课后去完成。引入数字化教学资源,学生可以随时观看与教学内容相对应的视频或者动画,提前预习,不但提高了课堂上课效率,更有利于培养高质量人才。而且,信息时代的高职课堂呈现多元化模式,网络化教学平台、慕课、混合教学的出现使传统的"教师讲,学生听"的灌输式教学模式逐渐向"教师为主导、学生为主体"的"翻转课堂"教学模式发展,这使得高职教育逐渐向培养学生知识、素养、能力全面发展转变,诸如此类的变化必然呼唤与之相适应的新形态教材的出现。

2.学情变化的需要

千禧一代逐渐走入大学校园,伴随科技发展成长起来的一代人,对学习的趣味性要求较高。在这一学情变化的现实背景下,混合式学习模式逐渐被提出,混合学习是解决职业院校学生网络学习意愿不强的重要途径。混合学习是将信息技术与传统课程讲授相结合的一种学习方式,其核心思想是根据不同问题、要求,采用不同的方式解决问题,表现在教学上就是要采用不同的媒体与信息传递方式进行学习,而且这种解决问题的方式付出的代价最小、取得的效益最大。教材是课程教学的重要载体,教材也是学生进行课程学习的重要依托。因此,在学情变化的现实背景下,开发适合学情需求的新形态教材,既具有必要性和重要性,同时也具有紧迫性。新形态教材借助网络终端,将新知识、新理论、新技术、新方法等以数字资源的形式呈现出来,学生可根据自身情况有选择地学习,同时还可以在平台上留言、发帖、讨论等,在增进师生互动的同时,也实现了向以学生为主体的学习方式的转变。

3.信息更新变化的需要

伴随经济社会的发展变化,各行各业的信息更新变化速度迅猛,移动互联网、云计算、智能终端、大数据等新技术的日益成熟,使信息以扁平化的方式快速传播,传统的纸质教材无法追赶行业信息变化的速度,单纯依靠教师墨守成规的课堂讲授不利于学生对知识更进一步地学习、领悟与吸收。而且,学生更习惯运用互联网获取知识,以充分利用碎片化的时间和根据自身状况有选择地学习。这些都决定了必须选择更加灵活的教材形式,同时对传统纸质教材做有益补充,新形态教材恰好是最有效的一种选择。①

4.教学内容更新需要

传统教材的更新通常需要几年的时间。学生学到的理论知识比较陈旧,与实际工作要求不一致,不能满足企业人才招聘需求。由于传统教材已经不能满足现实中教师和学生的需要,因此构建更加灵活的教材形式和内容,不但是对传统纸质教材的有益补充,而且有助于学生掌握最新行业知识。

三、新形态教材的设计原则

移动课程具有移动性、灵活性、便捷性、零散性、辅助性等特征,能够满足非正式、个性化、情境化等形式的学习。移动课程的目标人群主要是成年

---

① 程秀花,田晨苗,林淼等.智慧课堂背景下的高校新形态教材建设初探[J].科技文汇,2019(9):10—12.

人，如在校大学生、白领上班族等，这些人需要及时充电，但又不能系统学习一门课程，只能利用零碎时间进行学习。移动学习设备一般屏幕较小、分辨率低、网络带宽有限制。针对这些情况，为了更加有效地促进移动学习的发生，移动课程的新形态教材设计过程应善于利用认知负荷原理和多媒体设计原则，尽量减少学习者的外在认知负荷，分解内在认知负荷，增加相应的关联负荷，并且使总的认知负荷不超出学习者能承受的范围，以保证学习的效果。

（一）数字资源适当原则

移动互联网的发展，使人们获取知识的途径发生了变化，学习方式趋于网络化、移动化，学习单元趋于颗粒化、小型化。正是为满足这些需求新形态教材应运而生，这些新变化同时要求新形态教材除了要考虑传统教材的内容体系、教学难度和读者对象等因素，还要考虑资源设计的适当性。

数字资源有视频、音频、动画、文本、自测等，编辑可以引导作者根据具体的学科类型和课程特点，选择合适的资源类型。而针对不同的教学内容和教学目的，资源内容的侧重又各有不同。以视频类资源为例，数学类课程主要培养学生的抽象思维和计算能力，因此多以概念解析和习题讲解为主，其中对抽象概念的讲解如果能配以动画使抽象过程形象化，则可达到更好的效果；操作类课程包括大量的实际操作模块，如果将实际操作过程制作成视频，与教材配套，则更利于学生的理解；经济类课程应以实际案例视频为重点。同时，编辑还要向作者传达数字资源可以不断更新的理念，作者可以在教学过程中逐步制作和积累这些素材，对数字资源进行不定时的更新和完善，这更符合教学规律，也更容易打造精品教材。

(二)内容精准原则

一方面,不同的人对学习的需求不一样;另一方面,不是所有的内容都适合移动学习。因此,新形态教材的设计首先要明确其读者对象,通过对读者对象进行分析,明确读者对象的学习需求,据此设计符合读者对象学习特点的内容、形式,做到精准服务。设计者可以从三方面分析学习对象:学习者的一般特征、学习者的入门能力(包括知识、技能和态度等)、学习者的学习风格。另外,需要明确哪些教学内容适合移动学习,哪些内容不适合,还要考虑不同教学内容的设计策略。

实践性强的经管类教材编写,应以工作过程为线索,体现工学结合、任务驱动的特点。教材编写内容建议依据本课程标准的工作项目活动,通过多媒体演示、情景模拟、角色体验、案例分析等多种手段,深入浅出,图文并茂,一体化展现教学内容,力求做到理论知识学习与实践技能训练的结合。

(三)界面简单原则

斯坦福大学学习实验室的研究表明,移动学习是一种高度片状化的经历,是一项艰苦的工作,需要集中注意力并深入思考。而在移动学习过程中充满了分散注意力的事情,容易给移动学习者留下极度心烦意乱又极为片段的体验。同时,由于移动设备的界面较小,一次性显示的内容不能太多,不能给学习者过多的外在认知负荷,因此新形态教材的数字化教学设计应该遵循简单够用原则。

根据梅耶多媒体设计原则,新形态教材的数字化设计要遵循如下原则:聚焦要义,除去无关材料;提示材料结构,突出关键材料,从而排除无关认知加工;用户的界面要简洁大方,导航要方便直接;每屏呈现的信息要适量,字体大小要适中。这样用户在移动过程中就可以更方便地聚焦学习材料,不被过多的冗余信息所干扰。

(四)资源互动原则

教材是课堂教学的重要工具,但在互联网时代,移动互联的特征正在赋予教学更多的空间。因此,要想促使教材等资源真正"入眼入脑",应探索基于课堂应用软件的嵌入方式,如通过扫描二维码,教师与学生不仅可以在移动端实现资源的共享,而且可以答疑互动、查验测试效果、分享语音讨论、提交简要的讨论等。

(五)校企合作原则

新形态教材的设计和开发人员应由学校专任教师和行业企业一线业务专家共同组成,借助企业资源,完成职业岗位调研、典型任务分析及职业技能考核;同时尊重企业诉求,在符合出版规则的前提下,依托教材平台,宣传企业形象、推广企业产品、介绍企业文化、培养潜在用户。在教材整个开发过程中,校企双方共同研究教材设计、内容遴选、形式表达、教材评价及修订完善等各个环节,确保双方的权益。

四、新形态教材建设的流程与方法

(一)顶层设计

为避免重复浪费,确保教材的高质量,在新形态教材建设中,教材建设委员会等相关部门应该发挥指导作用,尽量避免各个院校各自开发教材造成的教材质量不一、难度高低不一、教材内容适应性差的问题。教材建设管理部门应该开展几项具体工作。

1.促成校企合作。促成骨干院校与优质企业相互合作,整合优势资源,尤其让龙头企业参与到教材开发中。在这个过程中,院校还可以借助企业资源,完成职业岗位调研、典型任务分析及职业技能考核。

2.修订课程标准。组织行业专家与骨干教师,根据教育改革与行业建设的最新要求,修订课程标准,把握教材建设方向。

3.组织研讨。听取教材开发主体及各类用户对教材开发的建议,整理教材修订意见。新形态教材体系应顺应"互联网＋教育"时代潮流,应适应并助推课程教学改革,立体化、交互式地呈现传统教材。教材体系包括展示层、平台层和资源层三个深度融合的层级,实现资源调用、数据记录、课程管理、实时互动等功能,配合应用"线上－线下"相结合的"混合式"教学模式,确立学习者的学习主体地位,充分调动学习者的学习积极性,提升学习成效。教材体系在内容上应能够满足相关专业人才培养的需求。

(4)监督建设过程。在教材的整个开发周期,实施过程监督,确保教材建设高质、有序地推进。

(二)构建多元化的教材建设团队

新形态教材的编写应联合院校及企业有丰富经验的工作者,发挥优势,共同开发。课程的教材建设团队要突破以往仅有校内教师参与的状态,不仅要有对教材内容非常熟悉的校企合作课程开发团队,还应增加对信息技术非常熟悉的出版社人员,多方共同参与教材的制作,整合各方优势资源,构建高质量的教材,具体应该包括行业、企业、教师、学生、出版社、自媒体平台等。新形态立体化教材需要团队合作来建设,团队成员应该发挥各自长处,分工明确,相互协调配合。尤其要让行业企业的优质资源参与进来,共同开发,以准确反映企业对人才培养的要求,呈现企业人才培养的实训资源,全面展示企业发展成果、介绍企业优秀文化,将企业的特征充分融入新形态教材的开发中。①

(三)调查分析读者的需求

首先,新形态教材要为读者服务,教材的编排、设计、建设等都需要以读者为基础,以读者的意见为基础。为进一步完善新形态教材的建设与应用,要广泛收集读者意见,通过有效的调研分析,准确掌握读者对教材的需求及要求,分析怎样的设计与编排可最大限度地激发读者学习的兴趣,怎样科学构建新形态教材的自测系统可有效提高读者学习效率、促进读者学习能力与质量的提高。在设计教材时,必须对读者的各项需求进行合理化分析,以此优化数字化资源建设形式与建设方法,提高新形态教材建设与应用质量。而且,随着社会的发展,教材的读者不仅是教师和学生,还包括企业员工及兴趣爱好者等,不同读者会有不同的需求。因此,新形态教材的建设还应该结合新技术发展,组织建设满足不同读者个性化需求的教学资源,并提供多样的知识服务形式,提升读者学习体验,从而提升服务质量。②

其次,新形态教材要反映教学改革的最新要求,反映课程教学的知识逻辑,反映行业典型工作任务;内容建设要反映国家信息化课程建设最新成果,内容呈现形式要符合不同用户认知特点,符合服务平台技术要求等。因此,教材建设团队必须调查了解教学改革的最新要求、行业企业的发展趋势及典型工作任务、国家信息化课程建设的最新成果、服务平台的技术要求及相关服务对象的具体要求等。尤其要重视行业企业的需求,通过对专业对

---

① 龙浩,霍娜,殷智浩.新形态立体化教材的建设与研究[J].计算机产品与流通,2019(3):206.

② 方振龙,肖华."互联网+"背景下高职新形态教材建设的思考:以"城市轨道交通票务管理"为例[J].机械设计与制造工程,2020(1):119—122.

口行业企业的深入调研,在分析企业最新职业能力的基础上,确定本专业的就业领域,根据就业领域相应岗位,分析具体工作流程,总结完成每个工作环节所需的知识点和技能,最终形成校企合作开发的课程体系。在教材整个开发过程中,校企双方共同研究教材设计、内容遴选、形式表达、教材评价及修订完善等各个环节,确保双方的权益。

(四)设计新形态教材体系结构

新形态教材的建设应该根据各课程的特点,结合专业建设和课堂教学改革,并融合互联网、物联网、云计算、大数据等信息技术,保持学科逻辑结构,还要教材建设团队进行多次讨论。最终形成的教材体系结构应该包括有形的纸质教材、多种形式的数字资源和多功能的平台系统。其中优质的纸质教材是基础,多种形式的数字资源是核心,而功能丰富的平台系统则是支撑。

在"互联网+"技术的助力下,纸质教材、数字资源及评价体系深度融合,结合"知识、信息技术、媒体",形成"线上线下混合"的新教材出版模式。纸质教材和数字资源之间的联系离不开网络,学生通过电脑、手机和iPad实现自主学习,利用平台系统互动交流、自我测评和反馈信息。纸质教材呈现的内容包括教学目标、案例引入、理论知识、拓展阅读、项目小结、思考练习等模块,数字资源包括教学课件、备课教案、课程标准、习题答案、教学检测、典型案例、视频或动画等。

(五)构建超媒体资源

新形态教材中很重要的一部分是数字资源,不但包括文字材料,还包括多媒体材料,如动画、视频和动态图片等。多媒体材料需要通过相应的信息技术进行处理和加工,以更有效地和教学实践配合。因此,教材编辑与作者在前期就要进行充分的沟通交流,探讨不同教材的不同知识点和技能点,用什么样的形式呈现效果会更好。在资源建设过程中,应注意根据教学的适用性选择合适的资源类型。例如,一些知识点可以通过视频或图片形式来展现,而不必使用高成本、难以制作的动画。

另外,早在 2011 年,我国教育部就已经启动国家精品开放课程建设,包括精品视频公开课与精品资源共享课等。近年来,我国数字化教学资源不断完善,教学资源更加丰富且获取途径更便捷多样。在建设新形态教材时,可将上述精品课程、数字化教学资源应用其中,既能充分利用现有的优质资源提高教材的建设质量,又能降低新形态建设的成本。但将国家教育部专业教学资源库中与课程相关的成果引入教材中,可能会遇到很多困难,比如版权问题形成的使用政策障碍、功能差异带来的二次开发成本、多类型转化的技术能力和条件限制等,这些问题都有待相关主体共同努力解决。[①]

(六)精炼纸质内容

在整个新形态教材中,纸质部分是教材的信息承载基础骨架、学生阅读学习的基础,但考虑到信息变化更新很快,因此,在编写教材纸质部分时应侧重于基础理论、基本知识、规律的分析与阐述,同时做到知识点精练系统、重点突出、主线清晰,为学生阅读与学习提供方便。

此外,在编写与纸质部分对应的内容时,应当用醒目的图标与序号标引出数字资源的类型与内容,条件允许时,为其配上对应网址的二维码,方便读者使用平板电脑或手机在网上查找相关知识点,便于读者更深入、细致地学习。同时,由于教材不仅由学生使用,教师也是使用教材的主体,因此编写教材时应考虑教师的授课方式、使用特点等,在此基础上采取相应措施提升新形态教材与教师间的适应性,降低新形态教材的推广难度。[②]

[①②] 王芳.关于"互联网+"时代新形态教材的建设与应用[J].文教资料,2019 (24):183-184.

（七）创新内容设计与编排

新形态立体化教材的建设需要将数字化教学资源与传统的纸质教材进行关联，同时为课程知识动画演示、课堂教学案例、教学微课播放、习题试题库等建立清晰的导航。因此，在新形态教材的建设前期，就要重视关联的设计。教材表现形式上应新颖、生动、活泼，编写应体现案例趣味化、实验仿真化、版式生动化、任务形象化等理念，实际内容上应注重目前高职教学的项目化任务驱动教学方法。在新形态教材的设计方面，通过页面版式的新颖设计、教材布局的边白设计，详细地做好资源标注，关联有效的资源利用，帮助学生将教材中的知识点和相关的多媒体中数字化资源联系起来。如何有效地关联，需要具有信息化思维的设计者、编辑及出版社版式设计、排版等人员，在各环节进行充分沟通与相互配合。

与以往的纸质教材相比，新形态教材是一个新事物，因此在建设与应用新形态教材时，要用新的思维、新的方法、新的视角进行。相关人员要准确把握这一新型教材的技术性、数字性，在此基础上打破原有的思维定式，并按照新的教学需求予以优化、更新或补充，最大限度地丰富数字资源内容，为读者阅读与学习提供便利。在构建数字资源内容的过程中，相关工作人员应准确认识到，所谓数字资源并不是将原来的纸质材料扫描加工后形成简单的学习资料，而是突破传统纸质教材的编写模式，对教材中的交互性内容进行强化。它能促进新形态教材的优化建设与深入应用，有效降低课程学习难度，激发学生的学习热情，提高学习效率。

（八）开发支持多种智能终端的 App

现阶段，学生阅读与学习数字课程时，主要通过网页浏览器完成，这种学习方式效率较低，难以有效满足学生的学习需求。因此，在新形态教材建设与应用方面,可通过开发支持多种智能终端的 App,为学生的阅读、学习提供更多便利。通过 App 浏览数字内容有更多的优势。比如:App 相对封闭,有利于知识产权保护;App 方便读者在数字内容上做笔记;App 通过设定强制占用终端屏幕,能减少读者学习过程中其他无关操作,从而提高学习专注度。未来随着手机指纹识别传感器的普及,甚至可通过 App 控制,只允许某个人使用某本教材中的数字教学资源。但在 App 开发过程中,要根据应用平台(如 iOS、Android、PC)开发多个版本,并考虑同一应用平台下各手持智能终端的差异性,比如运算速率、屏幕分辨率等,以保证最大的兼容性。

(九)持续更新数字资源

新形态教材的优势之一是其数字资源能不断地进行更新。而且随着经济社会的发展,实践在不断地发展,知识也在不断地变化,行业企业和读者的需求必然随之而变化。因此,新形态教材建设应不断跟踪用户使用意见,做出有针对性的内容更新。(1)及时补充课堂教学与行业技术发展的最新成果,数字化教材资源应做到持续不断地更新;(2)依托资源服务平台,分析资源使用频率,判断各知识点受关注程度,对使用率不高的内容进行逐步删减,不断完善丰富那些受关注程度高的内容,使教材的资源提供与用户的实际需求更为吻合。

五、新形态教材建设的保障措施

(一)完善教材编写制度

充分发挥教材建设委员会的作用,发挥其研究、规划、咨询和业务指导职能。一要强化编写，统一组织管理。检查督促新形态教材建设规划的落实，审议新形态教材的立项，抓好新形态教材的评优和推荐，研究新形态教材建设工作和制定相应支持政策。二要建立编写人员资格认定制度，把好教材编写人员选拔关。实行教材编写人员资格认定，优化教材编写队伍，保证所编写的教材符合教育规律、符合人才培养方向。三要建立专业化的教材编写队伍。教材编写是一个艰苦的再创造过程，需要优化编写团队结构，吸收有专业造诣的学科专家、课程专家、教学经验丰富的教研人员、优秀的一线教师及熟悉教材建设规律的专家等相关人员参与教材编写，提高教材编写队伍的专业化水平。

（二）建立完善各级各类教材编写、审定专家库

教材编审专家库是为教材编审出谋划策的智库，具有联系广泛、人才荟萃、知识密集的特点。专家库的建立可以充分发挥教材编审团队的人力资源优势，提升教材编审质量和工作效率，为教材体系建设提供智力保障。专家库的建立应满足三个原则。一是满足教材编审分离要求。教材的编写人员和审定人员应有明确的划分，同一个人不可兼任编写人员和审定人员。二是形成结构合理的专家团队。教材编审队伍应由学科专家、课程专家、教研人员、优秀一线教师及教材管理人员等构成，人员结构合理，确保研究水平。三是明确教材编审专家的资格要求。教材不同于一般的图书，它是落实立德树人的重要载体，是课程实施的重要工具。因此，对教材的编审人员应提出更高的资格要求。教材编审人员需要有较高的政治站位和坚定的理念信仰，具备扎实的专业基础知识及丰富的教育理论知识和教学实践经验，熟悉教材建设规律。新形态教材质量的评议形式应以"互联网＋新技术"评审为主，由主管领导、专业教师、学生、行业专家、企业人员等校内外人员进行一体评议，评议结果将被作为新形态教材验收与选用的重要依据。

(三)吸引行业企业参与教材建设

首先,要发挥政府在促进行业企业参与教材建设中的作用,明晰政府的责任和义务;其次,明确行业企业在教材建设评价中的主导地位,出台并细化具体的评估细则和落实方法;再次,要加强行业企业参与教材开发的激励机制,如合作院校要优先考虑为合作企业输送优秀毕业生,提供员工培训服务,开展横向课题研究,提供技术科研支持等;最后,还可以帮企业进行宣传,提高企业知名度和美誉度等。

(四)加大对新形态教材建设的激励力度

当前,很多院校对于新形态教材的建设,虽然给予一定经费的支持,但这些经费大多被用在多媒体制作上,大多院校对于教材编写者的付出并没有相应的激励,从而导致教材编写者积极性不高。实际上,高质量的教材也应该得到相应的激励。应该贯彻好各项新形态教材政策,加大对新形态教材建设经费投入的力度,每年投入足够的新形态教材建设专项经费,保证新形态教材建设规划的实现。对于立意新、特色强、影响大的应用型新形态教材,以及列入国家级或省级高职高专规划的新形态教材,在经费上要加大激励的力度。①

(执笔人:陈杏头)

---

① 刘钊.应用型本科高校"新形态"经管类教材建设研究:以辽宁对外经贸学院为例[J].现代商贸工业,2019(31):173-174.

第六章 移动课程的教学评价体系建设

当前,我国移动课程的建设和发展可以说是百花齐放、各有千秋,但从移动课程的质量来看,可谓良莠不齐。其中值得探讨的原因很多,一个重要的原因就是不够重视移动课程教学评价体系的设计与应用。因此,结合目前移动课程在实际运用中出现的问题,系统地开展对移动课程教学评价体系的研究与探索,以期促进移动课程实施有效性的提高,是非常必要的。

一、教学评价的概念与内涵

目前国内外文献对教学评价的界定不一,归纳起来有三种情况。

第一种是将教学评价定义为对学生"学"的评价。如郑日昌指出,"教学评价就是通过各种测量,系统地收集证据,从而对学生通过教学发生的行为变化予以确定"。又如加涅认为,教学评价就是"通过系统收集、分析、解释证据来说明一个教学产品或系统效果如何的方法"①。

第二种是将教学评价定义为对教师"教"的评价。如台湾学者张德锐认为,"教学评价是针对教师在教学上的表现做出价值判断和决定的历程,其目的在于了解教师教学表现的优劣得失及其原因,从而协助教师改进教学或作为相关人事决定的依据"②。

第三种认为教学评价同时涵盖对教师"教"和学生"学"的评价,尤其是课堂教学评价。如刘志军认为,教学评价是指评价主体根据课堂教学目标和教学原则,利用科学可行的技术或手段,以课堂中教师和学生的整个教学过程及其效果为观察对象,不断地揭示课堂教学过程与课堂教学目标之间的关系,并赋予价值判断的一种活动。③

综上,一般认为对高校教师的教学评价应为对其所授课程环节的评价(即课程教学评价)。因此,我们对课程教学评价的概念界定如下:课程教学评价是指通过收集教师在教学过程中的资料,加以客观的分析,对教师教学工作过程和学生学习效果进行价值判断,为教学决策服务的活动。其内涵为:教师对课程内容的规划、组织、实施是否实现课程目标,课堂上的教学活动是否有助于学生的学习,学生的学习效果是否达到了教学目标。具体应包括:课前准备环节的评价、课堂教学环节的评价、课后辅导/答疑环节的评价、学生学习效果的评价。④

---

① Gagne. The Principle of Teaching Design (Fifth Edition) [M]. East China Normal University Press,2007.

② D. R. Zhang. Research on Teacher Evaluation Model[M]. Educational Research & Information,2001(2).

③ Z. J. Liu. Classroom Assessment Theory[M]. Guangxi Normal University Press, 2002.

④ 颜兵兵,殷宝麟,郭士清.高校课程教学评价问题分析及对策研究[J].国际化学教育会议(简称 ICCE 会议),2015:67—72.

二、移动课程教学评价的基本功能

移动课程教学评价是指以教学目标为依据，制定科学的标准，运用一系列可行可控的技术、方法和手段对教学过程及其结果进行测定、衡量，并给予价值判断。移动课程教学评价是移动课程必要的组成部分，是移动课程的指导者与学习者之间交流反馈的枢纽，是检验移动课程学习者学习效果的指示灯，具有强大的功能。

（一）目标导向功能

移动课程教学评价体系的建立和评价措施的实施，可以充分发挥评价的导向作用，促进教师尽快转变教育思想，在移动课程教学中更好地发挥教师的教育创新意识，达到改进移动课堂教学的目的。移动课程评价体系的建立意味着对移动课程教学中对与教和学相关的各种因素的选择和侧重点不一样，这些不一样的地方将促使教师在今后的教学中更加注重评价所侧重的各种相关因素，并将其作为移动课程教学中展示和发挥的重点，发挥评价的导向功能。总而言之，移动课程教学评价可以起到指挥棒的作用，引导师生的认知、情感和态度向着学习目标规定的方向变化。

（二）激励发展功能

移动课程教学评价能够有效地评析教师教学的状况和优缺点，为广大的教师提供一个科学了解自身教学状况的窗口。只有让教师了解了自己在课堂教学实践中的优点、亮点、特点和弱点，明了自己教学中存在的不足，教师才能找到今后努力发展的基点和方向。此外，移动课程教学评价可以调动学生的积极性,激发学生学习的内部动力。肯定的评价一般会对学生的学习起鼓励作用,通过测试评价,学生会得到教师和自己的承认,心理上获得满足,从而强化了自身学习的积极性;否定的评价往往使学生产生焦虑,而适度的焦虑则可以成为学生努力学习的动因,当紧张和焦虑的程度处于中等水平时,学习的进展情况最好。

(三)鉴别选择功能

移动课程教学评价可以了解教师教学的效果和水平、优点和缺点、矛盾和问题,以便对教师考察和鉴别。这有助于学校和教育行政领导决定教师的聘用和晋升,有助于在了解教师状况的基础上,安排教师的进修与提高。移动课程教学评价能对学生在知识掌握和能力发展上的程度做出区分,从而分出等级,为升留级、选择课程、指导学业与职业方向提供依据,为选拔、分配、使用人才提供参考。同时,也是向家长、社会、有关部门报告和阐释学生学习状况的必要依据。

(四)决策辅助功能

移动课堂教学评价是教师工作评价的重要组成部分,也是学校评价体系的核心内容。通过开展科学有效的线上线下教学评价,能够有效地鉴定教师的教学态度、教学质量、工作能力、业务水平等,使学校的管理工作更系统化、决策更科学化。

三、移动课程教学评价的理论基础

近年来,教育价值观发生了重大变化,教育评价从传统的"选拔适合教育的学生"转变为"创造适合学生发展的教育"。这一评价思想的重大转折，产生了巨大的动力，促使我们认识到在移动课程环境下，教育评价的目的相当多元——不仅仅是为了鉴定、考核，更是为了推动和发展；不仅仅是为了选拔、淘汰，更是为了教育和提高。移动课程教学评价应该建立在对评价目的的科学认识和评价价值观的重新理解，以及对人的本质尤其人在教育视野本质的重新解读和教育教学本质的重新定位之上。因此，移动课程评价的理论体系在吸取行为主义和认知主义精华的基础上，又注入了新鲜血液，其中影响颇大的有多元智能理论、建构主义学习理论和后现代主义教育思想。

（一）多元智能理论

美国哈佛大学教授、发展心理学家加德纳于20世纪90年代提出的多元智能理论引起了教育界的高度重视，对教育教学改革影响深远。第三章中已对这一理论的核心思想有所阐述。多元智能理论的广阔性和开放性对于我们正确地、全面地认识和评价学生具有很高的实用价值。各种智能只有领域的不同，而没有优劣之分、轻重之别。这就需要教师在设计教学活动和实施测试评价的过程中，要从不同的视角、不同的层面去看待每个学生，而且要促进优势智能领域的优秀品质向其他智能领域迁移。

（二）建构主义学习理论

建构主义学习理论的基本观点在第三章中已有阐述。由于建构主义学习理论强调学生是认知的主体，强调学生的自由探索，强调学习者与教师和学习伙伴的交互作用，所以在设计移动课程测试评价时，重点应放在学生如何有效自我评价、如何与环境和学习伙伴的相互作用上，从学习态度、相互作用与交流、资源利用等多维度对学生的总体情况做出评价。

(三)后现代主义教育思想

后现代主义的教育思想强调多元、崇尚差异、主张开放、重视平等、推崇创造、否定中心和等级、去掉本质和必然。后现代主义注重过程、注重目的与手段统一,认为个体是在活动的过程中得以不断发展的。后现代主义给移动课程教学评价提供的新视野是:每个学习者都是独一无二的个体,不能以绝对统一的尺度去度量学生的学习水平和发展程度,要给学生的不同见解留有一定的空间。教学不能把学习者视为单纯的知识接受者,而更应看作知识的探索者和发现者。因此,移动课程教学评价不仅要注重结果,更要注重过程。①

从上述理论我们可以看出:传统的课堂教学中,以行为主义作为理论基础,评价注重结果,即学生的考试成绩;移动课程环境下的教学评价以多元智能、建构主义和后现代主义为理论基础,认为知识并不是对现实世界的绝对正确表征,而是处于不断变化发展之中,在不同的情境中又可以被重新建构。因此,其价值取向是学生在实际生活中运用知识的能力,侧重于移动课程评价标准的多元化、评价反馈的有效性和评价方法的多样性。②

四、移动课程教学评价的主要类型

从不同的角度可以对移动课堂教学评价进行不同分类。

---

① 祝智庭,钟志贤.现代教育技术:促进多元智能发展[M].华东师范大学出版社,2003:8—16.

② 邱天爽.网络课程教学评价设计的研究与实践[J].云梦学刊,2008(07):53—54.

（一）奖惩性评价和发展性评价

按评价目的可以将移动课程教学的评价分为奖惩性评价和发展性评价。奖惩性评价的目的是根据评价的结果对教师进行奖惩，它将课堂教学评价的结果与教师的奖惩相结合，并以此作为教师晋级、嘉奖、降级、解聘等的依据。这种评价是目前我国教育领域中运用较多的评价方式，存在一定的弊端，如参评教师过分注重被评课的质量而不是整个教育教学的质量，出现"中评不中用"的现象，此外还会出现难以调动广大教师积极性等问题。

发展性评价的目的则是期望通过对教师的移动课程教学进行点评、讨论、反思，让被评教师的教学技能和水平得到提高，评价结果不与奖惩挂钩，而是为教师之间相互交流、发现各自的优缺点提供机会，为制定教师发展的目标和对策提供依据。

（二）外部评价和内部评价

按评价主体可以将移动课程教学的评价分为外部评价和内部评价，这种分类方法以评价者是否参与移动课程教学活动为依据。外部评价是指由教育行政主管部门的人员，如教研员、评价专家、学校领导、教务人员及教师同行等不参与课堂教学活动的评价者对教师的移动课程教学进行的评价；内部评价则是由直接从事移动课程教学活动的教师本人和学生群体所进行的评价。

无论是外部评价者还是内部评价者，在评价的过程中都会遵循一定的评价标准，不过不同评价者的评价标准可能会有所不同，如同行更多地会从学科的角度对移动课程教学提出要求，学校领导则会从学校管理角度提出要求，教师本人会从自我教学风格方面进行评述，而学生则可能从教学资源的多寡和教学中的情绪反应等方面进行评价。

(三)现场观察评价、录像评价、量表评价

按评价资料的收集手段可以将移动课程的教学评价分为现场观察评价、录像评价、量表评价等。

现场观察评价是评价者进入线上或线下课堂,实时听教师讲课并及时进行评价,这种评价方法在实际运用过程中往往表现为随堂听课、评课。这种评价资料的收集方法具有很强的时效性,而且能够对各种临时发生的情况进行评价,对教师的教学激情和学生的参与积极性有较深的体会。缺点在于会受到评价者注意力分配和记录速度等的限制,而且由于评价者的出现往往会让被评教师和学生在心理和行为上发生一定变化,因此评价者所记录的结果未必能反映出被评教师的真实水平。

录像评价则是利用录像将线下课堂或网课中教师的教学过程和学生的活动记录下来,进行课后的评价和分析。其优点在于可以多人反复观看和讨论,在评价的过程中也可以让被评教师参与讨论,从而使得整个评价资料更为全面、客观、准确。而且还可以将不同教师的教学录像进行对比,或者将同一个教师的教学录像进行对比,分析教师教学的进步情况。在录像评价中,录像往往只是一种评价资料的收集手段,对录像进行数据的编码、分析和评价会派生出不同的录像评价分析技术。

量表评价则是采用事先编制好的评价量表,由教师和学生根据他们对移动课程教学过程和效果的主观印象进行回答。这种评价方法的关键是评价量表的编制,它有时也被称为问卷评价法。问卷评价是目前进行移动课程教学评价最主要的方式,也是实践中应用最广泛的一种方式。

五、移动课程教学评价的指导原则

移动课程教学评价的指导原则是对课程评价活动所涉及的各层面的总体要求,在移动课程教学评价的过程中应该遵循以下指导原则。

(一)学习性原则

移动课程归根结底是课程,它的最终目标是使学习者利用它进行某门课程知识的学习,促进学习者的学习是其本质追求和根本目的,一个不能达到好的学习效果的移动课程最终必然会被市场淘汰,无人问津。网上学习的评价与传统学习的评价侧重点不同,网上学习更注重对学习过程、学习资源及学习环境的评价,而传统学习的评价主要侧重于评价学习者的学习结果,忽略对学习资源的评价。因此,移动课程的评价一定要注重网络学习的特点,不能盲目模仿传统学习评价的标准和模式,可以通过参考国内外网络课程评价的相关资料,加上先进的教育理论指导,根据我国现状,来制定相应的移动课程评价体系。

(二)科学性原则

科学性原则是指遵循科学的要求来制定移动课程评价过程(包括确定指标体系、编制评价方案和实施)的各个环节,保证评价指标体系的科学合理,同时保证评价指标之间的独立性,尽量减少指标间的重叠,并且在评价活动中坚持采用科学的评价方法,遵循科学的教育理论和统计学方法,把质性评价和量化评价结合起来,使评价能够反映移动学习的培养目标和学习规律,评价的结果能够客观、真实、有效地反映移动课程的质量。

(三)客观性原则

客观性原则是指在移动课程的评价中,要尽量多搜集资料,以真实的资料为基础,尽量克服评价者在评价过程中的主观随意性和情感因素,用一定的数学模型对评定结果进行综合量化的分析,再结合定性分析,在全面的资料收集整理的基础上进行评价。

(四)全面性原则

移动课程是一个有机整体,各个部分对移动课程效果的影响都要考虑到,因此对移动课程进行评价时要从整体出发,考察课程各方面的建设情况和综合性能,既不能因为某一方面特别突出而以偏概全,也不能忽略某一方面的重大缺陷。可通过设置权重的方法,强调不同的课程模块对学习效果影响的不同程度。

(五)可行性原则

可行性原则是指移动课程评价在实施时的可操作性,具体而言是指评价指标体系和评价标准的制定是否综合考虑了人力、物力、财力、时间和空间等各种制约因素,是否符合实际、具体可行,是否选择了简便易行、具有可操作性的评价方法。这一点也是很重要的,一个评价体系必须要执行并得出科学的结果才能够完成它的使命,而执行的过程如果困难重重,必然导致评价效率的降低和评价者、被评价者的抵触情绪,不利于移动课程评价的开展和周期性的循环评价。[①]

---

① 王倩.高校网络课程的评价研究[D].山东师范大学硕士学位论文,2006:23—26.

六、移动课程教学评价体系的构成要素

所谓体系是指若干有关事物或某些意识相互联系而构成的一个整体，如工业体系、思想体系、作战体系等。移动课程的教学评价体系就是要解决评什么、谁来评、怎么评、用什么评的问题。从这个角度来讲，移动课程的教学评价体系的构成主要包括评价主体（谁来评）、评价过程（评什么）、评价标准（用什么评）、评价方法（怎么评）等基本系统。

（一）评价主体

当前移动课程的评价，既包括对学校移动课程的开展进行评价，又包括对参与课程的教师及学生的教育教学活动进行评价，还包括对移动课程本身与学校的发展进行评价。因此，很多学者认为移动课程是一个由多元主体共同构成的教育教学活动。移动课程评价的主体也应当是多元性的，教育行政官员、教师、课程专家、学生等都是移动课程评价的主体。

（二）评价过程

不同的学者通过对课程教学评价模式的研究，确立了评价的过程和步骤。拉尔夫·泰勒将评价看作对课程目标实际达成程度的描述。丹尼尔·斯塔弗尔比姆认为评价重要的意图不是为了证明（prove），而是为了改进（improve），他构建的 CIPP 模式由四种评价组合而成——背景（context）评价、输入（input）评价、过程（process）评价和成果（product）评价。[①] 此种评价

---

① 卜皎.小学校本课程评价体系的构建与应用研究[D].山东师范大学硕士学位论文,2018:17-18.

模式能够对课程开发的各个阶段进行持续的监控,为课程的决策提供大量信息,便于学校对课程评价实时监控,实现形成性评价与终结性评价的有机统一。黄政杰曾对各种观点进行归纳,提出课程评价一般由八个步骤组成:确立评价目的、依据评价问题描述所需资料、进行相关文献的探讨、拟定评价设计、依据设计搜集所需资料、整理分析并解释资料、完成评价报告、实施评价。① 移动课程评价贯穿于课程开展的全过程,因此根据上述学者们的观点,移动课程的评价过程至少包括四个阶段:准备、实施、处理和反馈。

(三)评价标准

不同的移动课程相关利益体对移动课程的价值判断是不同的。比如同样是对移动课程开设的要求,学校的上级主管部门、本校教师及本校的学生对课程开设的要求会各不相同。那么如何对这些期待和目标进行衡量,这就需要用一个评价的标准作为一种尺度进行评价。确立越完善的移动课程评价指标,对课程评价标准描述得就越清晰,对移动课程的建设就越具有指导作用。

(四)评价方法

对移动课程评价的方法能够被概括为两个方面。一是定量与定性相结合的评价方式。既要考虑定量评价,以确保评价的客观、准确和标准化,如要考查课程资源的建设数量;又要考虑定性评价,如学生线上学习后的反馈,这是对评价的人性化的考量。二是评价方法的丰富多样。有研究者认为,常用的课程评价方法有社会测量图示、兴趣调查表、等级量表及测验等,而典型质性课程评价方法主要有档案袋评价和苏格拉底式研讨评定。移动

___

① 黄政杰.课程评价[M].师大书苑有限公司,1987:110—115.

课程内容的丰富性,决定了移动课程评价方式要多样性。因此,在进行移动课程评价时,应设计多种评价方式,使评价更为全面和准确。

七、移动课程教学评价体系的运作过程

移动课程教学评价体系的运作过程实质上是移动课程的教学评价过程。移动课程教学评价是教育评价的子范畴,因此,移动课程教学评价过程也应经历和教育评价类似的四个评价阶段,即准备、实施、处理和反馈。但由于移动课程有别于传统课程,其每个阶段的具体任务与一般教育评价也有所不同。

(一)准备阶段

1.明确评价课程和主体

首先要明确评价的课程和主体,即被评价者和评价者。不同的评价内容有不同的评价主体,不同的评价课程有不同的评价标准和方法,所以评价主体和课程的确定是开展评价工作的前提。

2.确定评价目标

移动课程评价是一项系统工程,涉及多个方面,过程复杂,因此必须明确评价活动想要达到的效果和评价课程所要达到的具体标准及要求等评价目标,为评价者提供评价依据,进行准确的判断,从而推动评价活动的进程,为评价活动的顺利开展提供必要的保障。

3.设计评价指标体系

目前,移动课程教学评价体系设计的方法主要有:分析评价法、指标体

系评价法、观察评价法和实验评价法等,这些评价方法各有优缺点,其中指标体系评价法是目前采用最多的一种评价方法。移动课程评价指标体系的设计是移动课程评价过程中的重要环节,直接影响评价结论。由于移动课程评价不同于传统意义的课程评价,因此不能使用传统课程的评价体系,需要建构针对移动课程全新的评价指标体系。设计移动课程评价指标体系应尽量使评价目标具体化,设置不同指标、不同评价主体的评价权重,最后确定标准和划分等级,使之形成科学合理的目标结构,便于评价的组织者、评价者和评价对象在评价过程中准确理解和掌握评价标准。

(1)教学评价指标体系的构成要素

移动课程的教学评价指标体系的构成要素包括评价指标、指标权重和评价标准三个部分。

评价指标是分解了的评价目标,是具体化、行为化和操作化的评价目标。一个指标只能反映目标的一个局部、一个侧面,不能反映目标的整体。根据移动课程评价目标具体化程度的不同,评价指标可被逐级分成一级指标、二级指标……指标的级数越多,指标就越具体,评价的精确度就越高。评价指标层次结构内第一层次的各条指标即一级指标,它反映移动课程的主要属性和特征,它既是移动课程的评价指标,又是二级指标的评价对象。第二层次的各条指标即二级指标,是一级目标的主要属性的反映,如果可能,它依然可以往下划分,作为三级指标的评价对象。在指标系统中,评价对象和评价指标是一个相对概念,可以相互转换。一般来说,一级指标是相对抽象的,以后逐级越来越具体。

由于每项指标在评价指标体系中所处的地位、作用不同,为表明每项评价指标在指标体系中的重要程度,则需要为每项指标赋予相应的数值,即权重。指标权重的大小表明了指标的重要程度,引导评价者分清评价主次,抓住重点和关键。

评价标准是决定整个评价指标体系是否科学有效的关键。评价标准规定了评价课程达到什么程度才是合乎要求的,其科学、合理程度对评价指标体系的质量高低有决定性的影响,评价标准等级一般以 2～4 个为宜。

由以上三部分按照一定要求组合起来所形成的系统化的有机集合体就是移动课程的教学评价指标体系。

(2)教学评价指标体系的建构原则

移动课程的教学评价指标体系的确立与移动课程建设有着密不可分的联系。移动课程的教学评价指标体系对移动课程的建设具有引导性、指导性作用,设计得科学、合理,可以有效地促进移动课程的建设工作;反之,设计得不好,则会对移动课程的建设造成错误的导向,影响移动课程的教育质量。因此,在构建移动课程的教学评价指标体系时必须遵循下列五个原则。

第一,科学性原则。移动课程的教学评价指标体系的建构应遵循教师继续教育发展的规律和特点,按照教育改革的要求,符合教育发展目标的需要,符合教育网络课程建设的具体实际情况。构建移动课程的教学评价指标体系、评价的实施过程和评价方法的选择都要符合实际,要采用科学方法收集评价信息,以事实为依据和基础进行评价的建构。移动课程的教学评价指标体系的建构要做到目标与条件相结合、过程与效果相结合、定性与定量相结合,确保评价结果准确地反映移动课程建设的真实情况。在移动课程的教学评价指标的制定过程中,始终要坚持科学性原则,从而使评价具有客观性、科学性和准确性,才能引导移动课程的建设向正确的方向发展。

第二,一致性原则。移动课程的教学评价指标体系的一致性原则要求移动课程的教学评价指标体系应与评价目标保持一致性,并且评价指标与评价内容、评价指标与评价指标之间也应保持一致性,从而确保评价结果的真实可靠,否则有可能出现错误导向,造成评价顾此失彼,评价也就失去了有效性和可信性。一致性原则是构建移动课程的教学评价指标体系的重要原则之一,要充分体现移动课程的基本要求。评价指标体系中的各层指标及其权重必须全面、完整、准确地体现移动课程所要达到的目标,绝不能与目标相矛盾、违背、脱节，否则，评价也就不存在任何意义。

第三，全面性与独立性原则。移动课程的教学评价指标体系要能全面反映评价目标，不遗漏任何重要的指标信息，应具有完备性和系统性。移动课程评价指标体系的建构要从教育网络课程整体出发，全方位、多角度地考察课程各个方面，避免因遗漏某些重要方面造成评价结果的偏颇，要做到全面、系统、本质地反映和再现移动课程的各方面情况，否则会造成评价工作的失误或不公正。当然，绝对的全面性是不可能的。全面性还要符合实际情况，不能因为面面俱到而大大增加评价的工作量和降低评价工作的可操作性与准确性。移动课程的教学评价指标体系的建构要根据移动课程的特点和评价目的，分主次，抓本质，对于某些非本质性的指标可以根据情况加以取舍。同时评价指标体系中同一层次的指标之间应具有相对的独立性，即各项指标在逻辑上应是并列关系，而非互相重叠，否则不仅会增加评价的工作量，还会导致同一指标被重复地评分，造成评价结果的误差等。

第四，可行性原则。可行性原则是指移动课程的教学评价指标体系具有可操作性，是移动课程的教学评价能够实施的保证。移动课程的教学评价指标体系的建构要切合实际，要符合评价目标，符合教育移动课程建设的实际情况，尽可能使指标体系简便、实用、可行，数据容易处理。构建移动课程的教学评价指标体系内容要精练，若评价指标过多过细，不仅操作困难，还容易产生评价误差或失去评价重点。因此，在保证评价结果有效性的前提下，要尽可能减少各项评价指标的数量、降低评价指标体系的复杂程度。同时，评价指标的内容描述要具体、明确，不能只是概念化的条文，要用通俗易懂的语言概括表达，语义明白无歧义，便于为评价者和移动课程建设人员所接受、理解和比较，从而提高移动课程的教学评价指标体系的可操作性。

第五，导向性原则。目前，随着网络教育的发展，教师对远程教育培训的要求越来越高，远程教育培训已不再仅仅是简单的网络学习。移动课程作为网络教育一个非常重要的学习资源，要顺应教师教育发展要求而不断改进,与之相应的移动课程的教学评价指标体系也应发生改变。因此,在构建移动课程的教学评价指标体系时,不仅要着眼于目前的网络教学活动要求,还要依据教育改革发展要求和动态,制定出具有先进性和持续性的指标,为移动课程建设人员进行方向性的引导,发挥评价指标体系的"指挥棒"作用,促进培养教师创新精神和实践能力,使评价与导向紧密结合起来,保证移动课程建设向正确的方向发展,从而使评价的目标得以顺利实现。[①]

（3）教学评价指标体系的设计过程

移动课程的教学评价指标体系的设计过程如图 6-1 所示。首先确定评价课程和目标,其次选择信息来源和处理方法,再次选择评价指标和权重,最后实施评价并获取相关数据。通过给出的评价结论和解释、鉴定,分析诊断问题,修改评价指标和权重,再重新实施评价。经过多次往复直到获得满意的评价指标和权重,这样就建立了实用的移动课程教学评价指标体系。[②]

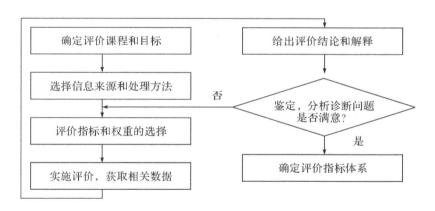

图 6-1　移动课程教学评价指标体系的设计过程

①　李葆萍,李秀兰.网络课程的评价指标体系研究[J].中国电化教育,2004(11)：65—68.

②　朱军文.移动学习评价研究[J].福建电脑,2014(12)：67—71.

（二）实施阶段

1.统一移动课程的教学评价尺度

向相关评价者解读评价标准,统一评价尺度,为评价者做出正确的价值判断提供依据,避免因评价者个人的理解偏差造成评价结果的不正确。

2.实施移动课程教学评价

获取相关数据,并对相关数据进行统计、归纳、检验和分析,进行误差诊断,获取有效数据,去除无效数据,得出评价结果,以确定此次评价的有效性。

（三）处理阶段

1.数理统计

依据移动课程的教学评价指标体系中各层指标分配的权重进行数理统计。

这里的权重指两个方面的权数:一是评价指标体系中各层指标的权重;二是不同评价者的权重。

2.综合分析和统计信息

依据不同的评价目的,结合质性评价,运用教育学、统计学和模糊数学等有关的理论和方法对移动课程做出最终的判断和解释,得出科学、准确和客观的评价结论,给出移动课程的价值判断。

（四）反馈阶段

1.形成评价报告

对移动课程的教学评价结果做出反馈,提出改进措施,并将相关的评价信息反馈给移动课程建设的相关人员。

2. 评价标准体系

对移动课程的教学评价标准体系本身进行评价,即元评价。在评价工作结束后,总结在评价实施过程中出现的问题,分析原因,找出解决方案,提出改进措施,进一步提高移动课程教学评价的信度和效度。

八、移动课程教学评价体系的建设问题

目前,我国移动课程教学评价体系的建设还未能达到标准化与体系化,还存在着一定的问题和不足,主要体现为五个方面。

(一)评价方法过于简单

目前对移动课程的教学评价一般只使用简单统计方法(即百分制方法)或单一指标评价方法,这些评价的方法要么过于简单,要么评价的量表不够全面,而真正使用综合评价方法来评价移动课程教学的研究却较少。

(二)评价内容不甚明确

对移动课程进行教学评价的方法较多,我们可以根据不同的评价内容选用不同的评价方法和评价模式。然而现在很多评价方案由于评价内容的不明确,导致评价方法和评价模式上的选择混乱,该用的评价方法和评价模式却没用,而不该在此类评价中使用的方法和模式却乱使用,从而未能做到对症下药、有的放矢。

(三)评价指标体系的设计缺乏科学性依据

在移动课程教学评价中,许多评价指标设置得要么过多,要么重复冲突,缺乏针对性,范围过于泛化,没能够从各个侧面对移动课程进行评价,并且所建立的各级各类评价指标之间的权重分配也不够合理,没能体现出指标在整个评价体系中的分量。这些弊端的存在导致评价者无所适从,进而导致评价结果不透彻,评价效果也大打折扣。另外,评价中操作步骤不规范、评价过程中没有很好地将质性评价与量化评价结合起来等,也是目前移动课程教学评价中存在的突出问题。

(四)评价指标不完整,没有形成体系

移动课程教学评价指标体系是整个评价活动进行的灵魂,而我国目前还没有建立起关于移动课程建设教学评价的完整的评价指标体系,还难以对移动课程的建设质量进行有效、全面的综合评价和监控,结果导致低水平移动课程建设开发工作的重复。

(五)缺乏科学规范的量表

移动课程的教学评价和其他类型网站及主题网站(比如政府工作网站、商业网站、图书馆网站等)的评价有所不同。移动课程主要是给教育者和学习者提供一个交流的平台,但是有不少评价机构往往机械地引用其他类型网站的评价量表来评价移动课程,没能很好地体现出移动课程的特色和教育教学价值。

这些问题的存在一定程度上影响到移动课程教学评价的信度和效度,从而也就难以对移动课程实施的效果进行有效的评价。

九、移动课程教学评价体系的建设对策

针对上述问题,在对国内外现有教学评价理论、实践研究进行充分研究的基础上,基于现代教育理念,鉴于移动学习模式的特点,我们从评价主体、评价内容、评价方式等方面入手,提出移动课程教学评价体系的建设对策。

(一)采取多元评价方法

改变传统单一的评价方式,将终结性评价与形成性评价相结合,教师评价与学生自评和互评相结合,传统的评价方式与现代化技术的评价方式相结合,形成"教—评—学"三位一体,充分发挥以评促学、以评促教的作用。

具体来讲,可以通过移动课程发布学习资源、设置学习任务、线上讨论答疑等,学生每参与一次活动都可以获得相应的积分,将累积的积分换算成成绩。此外,移动课程一般上课人数众多,单凭教师一个人的评价恐怕有失偏颇,此时学生的自评、互评显得尤为重要。在课程开始前,教师把学生随机分成若干小组,每组选派组长,负责本组学生出勤的考评。学生自我评价本节课的学习态度、学习效果;教师对学生学习任务的完成情况、质量、成长报告等进行评价。在形成性评价中,对部分学习任务教师可以给出一个评价和考核分数,也可以依托移动课程系统自动算分。

(二)确定合理评价内容

1.知识学习与技能掌握的评价

(1)基础知识的掌握程度。依托各类移动课程学习平台进行课前预习,

教师提前发布学习视频,学生学习完成后,完成实践任务,既可以检验预习的效果,又为课堂提供了真实的素材。在课堂教学中,教师围绕教学内容的重难点,结合学生的实践作业,进行重点阐述、难点突破。

(2)技能目标的实现程度。在此,我们以大学生心理健康教育课程为例来进行阐述。大学生心理健康教育是高职学校的一门素养课,主题围绕高职学生常见的心理问题而定,每个主题都设有技能目标,需要帮助学生去实现。以"情绪心理"为例,技能目标是:能够准确觉察自己和他人的情绪状态,能够采取有效的方法调整自己或他人的情绪 。[①]

2.教学过程与教学方法的评价

对教学过程与教学方法的评价包括两个方面,一是对教学过程的完善程度评价;二是对教学方法的丰富程度评价。移动课程的教学过程既包括课前预习,也包括课堂教学及课后复习。评价时要围绕这三个环节,检测学生课前知识预习、课中重难点解决、课后知识点梳理等情况。而对教学方法的丰富程度评价,则主要评价在教学中教师是否应用了案例分析、讨论交流、思考提升、心理测试等方法,帮助学生建构知识的网络体系,把外在的知识内化为自身的知识。在移动模式下,学生利用移动设备,随时随地地学习、提问、讨论、答疑,主动参与、乐于探究、勤于动手、加强交流与合作。

3.教学效果的评价

教学效果的评价主要包括:教学目标能否得以实现,学生的思维能力能否得到提升,学生掌握知识的正确率如何,等等。通过评价,要让教师努力推动学生思维与能力的发展,使学生对知识能够运用、迁移、整合,有创新表

[①] 王惠娟.移动学习模式下的教学评价体系构建研究:以《大学生心理健康教育》课程为例[J].创新创业理论研究与实践,2019(21):20-24.

现。同时,使学生掌握知识的正确率提高,能够对事物进行正确的评价。时间利用有效,按时完成教学任务。

(三)建立科学评价指标体系

移动课程的教学评价指标体系是对移动课程质量要求的具体规定,其科学合理程度直接影响着移动课程评价的水平。对于移动课程的教学评价指标体系的设计,要做到有依据、有计划、有步骤地进行。然而建立一套对于各种移动学习课程评价和移动学习教学评价都能进行的、一般性的、权威的、通用的评价指标体系很难,我们可以根据评价目的、评价对象、评价内容来制定具有特殊性和个别性,又不失一定的通用性和普遍性的评价指标体系。

(四)明确公正评价机制

首先,要合理对待教学评价结果。以"建议"的形式告知教师和学生评价结果,通过对话和反思,提出可行性的改进建议,以达到促进发展的目的。其次,要让师生共同接受评价。不但要评教,而且要评学;不但要关注课堂教学预期的结果,而且要重视课堂教学过程出现的变化;不但要对现状做出诊断,而且要关注改进和发展。再次,要建立以导为主、以督为辅的教学督导团队。各级督导员根据教师的课程实施方案,有针对性地进行听课、巡课,对教师在使用移动平台教学中发生的不可预知的问题进行及时处理和引导。关注教师是否能根据学生个体差异,设计不同教学活动和评定标准;是否围绕促进学生学习成效,有效实施教学;能否借助移动平台准确掌握学生的学习动态,及时对教学进行修正等。督导部门定期组织召开学生信息反馈会,对教师在教学中使用移动设备是否有助于教学、教师开展教学活动的时间、教学资源的使用能否促进学生达到学习目标等信息,进行收集、整理,并将其反馈至相应教学系部和教研室,用以对比预设的教学活动具体目标,对各种内外部因素变化引起的扰动所造成的偏差进行诊断分析,以确保形成教学活动的"质量信息—反馈—改进"工作循环,修正偏差,实现持续改进。

（执笔人:周　斌）

第七章　高职课程改革和新形态教材的保障机制建设

　　2019 年年初印发的《国家职业教育改革实施方案》(即"职教 20 条")明确提出,要推进高等职业教育高质量发展,完善教育教学相关标准,多措并举打造"双师型"教师队伍等。其中,高职院校构建保障机制,为课程改革与新形态教材建设提供有力保障,是开展高职教育教学改革、实现高质量发展的重要环节之一。

　　近年来,我国从战略、规划、制度等层面对高职院校人才培养质量给予了高度的重视,在《关于全面提高高等职业教育教学质量的若干意见》《国家中长期教育改革与发展规划纲要(2010—2020 年)》等文件中均谈到了提高人才培养质量问题,指出要"制定教育质量国家标准,建立健全教育质量保障体系",并提出具体实施方向和实施措施。①

---

① 周建松.构建基于内涵发展的高等职业教育质量保障体系[J].职业技术教育,2014(30):81—84.

从上述国家层面出台的有关职业教育的各项政策中可以看出,提高教育教学质量,进一步完善质量保障体系,是当前高职教育政策的重点,也是保证国家高素质技术技能型人才培养的核心要求。

一、高职教育的质量观

(一)全面质量管理理论

全面质量管理理论首次是在 1961 年由美国电气公司经理阿曼德·费根鲍姆(A. V. Feigenbaum)在《全面质量管理》一书中提出的,《全面质量管理》一书把其表述为:全面质量管理的核心是提高产品质量,把所有部门相关人员的参与作为基础,建立起一整套与产品的研究、设计、生产、服务等相关的质量管理体系,基于此合理地组合内部的人力、物力、财力、信息等资源,最终通过使用最低的成本与花费最短的时间精力生产出能使顾客满意的产品,使各相关利益主体都能受益,从而实现组织的可持续发展。①

全面质量管理是立足于一个企业或组织的长远发展,追求企业的持久成功,使顾客、企业、社会等相关利益主体不断满意的过程。② 为了提升产品质量与综合服务的效能,各国的企业管理者从多方面、多层次、多渠道实施各种手段,期望能在最小的成本付出下,使企业获得最大的经济收益。在这个背景下,全面质量管理理论得到了不断的完善与发展,并且在全世界许多企业中得到了推广与应用,企业通过实践积累了丰富的管理经验,获得了巨大的收益。全面质量管理理论不仅在工商企业界获得了成功,而且在公共

---

① 胡铭.质量管理学[M].武汉大学出版社,2004:12-15.
② 楼维能,贺开文著.全面质量管理[M].浙江科学技术出版社,1989:12.

管理领域得到了广泛应用。

（二）高职教育的全面质量管理

美国学者列维（G. Lewis）和史密斯（H. Smith）认为，教育界神殿内也蕴含全面质量管理所强调的原则，如调动全员的积极性、重视质量的不断提高、关注主体的可持续发展等。[①] 教学改革质量保障的核心问题依旧是标准问题，在现代质量管理文化中，质量的价值定位已经从单维质量观转向了全面质量观。这体现的是一种评价思维的转向，全面质量不仅仅关注产品的实体质量，更关注产品使用的满意度和使用的效果。[②]

全面质量管理理论虽然最初发源于工商界，是有关提高产品质量与促进企业可持续发展能力的理论，但全面质量管理理论对完善高职院校课程教学改革质量具有重要的借鉴意义和参考价值。任何产品都有一个生命周期和生产流程，而高职院校作为一个社会组织，学生就是学校人才培养工作下的"产品"，人才培养工作是学校的核心工作，是学校有计划、有组织、有目的的育人工作，而全面质量管理理论阐述的是要把所有与之相关人员的主动性和积极性充分调动起来，组织人员共同努力，生产出合格满意的"产品"。可见，学校人才培养的需求是与全面质量管理理论的基本要求相匹配的，要保证高职院校人才培养的产品质量，必须把对影响"产品"质量的全过程嵌入质量管理的流程中去，这样操作符合全面质量管理的基本要求，同时也能达到全面提高教学质量的目的。

---

① 刘凡丰. 教育界能采用全面质量管理吗？［J］. 教书育人，2005(30)：15－17.

② Dean Jr. J. W. ，Bowen. D. E. Management Theory and Total Quality：Improving Research and Practice through Theory Development［J］. Academy of Management Review，1994(3)：392－418.

二、保障机制建设是提升高职教育教学质量的关键

高职院校的教学质量也会受到多方面因素的影响与制约,高职院校的教学质量是由包括了生源情况、师资水平、教学方式与手段、实践实训教学条件、信息化水平等多方面的工作质量共同影响并相互作用形成的,必须对各种相关的影响因素进行全方位、具体的协调与把控,校内各职能部门和二级院系也要严格按照教学质量标准规范开展教学工作,这样才能有效地提升高职院校的教学改革质量。

质量保障体系是指企业采取系统科学的方式与方法来提升和保障产品的质量,通过建立起必需的组织结构,使各部门、各环节的质量管理周密地运行起来,通过科学的观察把一切影响产品质量的要素都掌控起来,形成一个责任明确、不断促进质量管理发展进步的有机整体。① 全面质量管理理论的全员参与性原则同样适用于高职院校的教学质量保障体系。高职院校的教学质量保障并非仅仅依靠教师这个单个主体就能实现,高职院校教学质量保障主体具有多元性,需要高职院校所有利益相关主体,即高职院校的领导、教师、学生等的积极参与。这些相关利益主体在高职院校教学质量保障的体系中通过不同的组合发挥功能与效用,都会在不同程度上影响高职院校教学质量。②

高职院校教育教学质量保障机制的建设需要以全面质量管理理论作为重要的理论指导,所有影响高职院校教学质量的活动和过程,都属于质量保障机制的构成要素。关于教学质量保证体系的构建,某些高职院校借鉴先

---

① 陈馨.中澳现代远程高等教育质量保障体系比较研究[D].厦门大学,2009:5—6.
② 王章豹.基于 TQM 的高校教学质量管理模式[M].浙江大学出版社,2012:110.

进质量管理理念,引入国际标准管理模式,从对结果进行评估转为对过程实施控制的管理,构建以内部激励为主、外部推动为辅的全员、全过程、全面的教学质量闭环监控体系,实现持续改进功能。^① 而从高职院校长远发展来看,要提高高职院校的教学质量、实现高素质技术技能型人才培养目标,一个完整的教学质量保障机制应该包括质量目标定位与教学计划的实施及对教学活动的管理,但最关键的还是要抓住保障机制中的内部教学质量保障机制的内容,对所有涉及的各种教学活动进行质量保障。其中,高职院校内部教学质量保障机制是一个相对独立和复杂的行为,涉及整个教学活动的各个环节和细节,更需要通过质量保障体系的建立得以强化。

三、高职课程改革的保障机制建设

(一)高职课程改革的方向

树立质量为先的理念,利用现代信息技术重塑课堂,打造高职"金课",严抓"混教""混学",建设各层次的在线资源共享课程,由此引发的"化学反应"在不少高职院校的课程改革中早已悄然发生。"金课"是具有高阶性、创新性和挑战度的课程,教师需对知识、能力、素质进行有机融合,并将前沿性和时代性的课程内容引入教学中,培养学生解决复杂问题的综合能力和高级思维,同时学生和老师将共同努力挑战课程中的一些难题。^② 在本科"金课"强调"高阶学习""教学相长"的基础上,高职金课更强调遵循职业成长规

---

① 刘元林.基于全面质量管理的实践类课程教学质量监控体系的构建研究[J].实验技术与管理,2012(12):23.

② 吴岩.建设中国"金课"[J].中国大学教学,2018(12):4—9.

律、教育规律、学习规律,培养受教育者的综合职业能力。

"金课"改革政策中就明确提出,以"任务引领"的教学方法为导向,采取网络授课和线下授课相结合的教学手段,使学生可以不受时间和空间的限制,并且能够有选择性地进行学习,避免采用满堂灌、应试化的传统课堂教学手段,课堂要成为师生平等交流对话、学思结合的空间,将现代化的教学手段运用贯穿于课堂教学。高职院校要以"金课"的相关政策作为课程改革的风向标,有预见性地、有针对性地进行课程改革,以"金课"的相关标准实施教学工作和管理评价工作,努力把学校各专业的核心课程建设成为学生学有所向、教师教有所依的真正意义上的优质课。

由此可见,高职院校的"金课"建设必将是一个漫长的过程,"金课"改革离不开有效的管理机制。虽然高等职业教育已经形成了比较完善的质量保障体系,但课程评价作为高职院校教学改革工作的核心,同时也是教育产品质量的主要载体,依然有较大的提升空间。因此,高职院校要继续致力于"互联网+"课程改革基础上的保障机制的构建,才能更好地将教学工作引导到质量保证上来,形成良好的课程改革氛围。

(二)课程改革保障机制的内容架构

在高职院校内部质量保障体系建设背景下,借助于学校信息化技术平台,以"诊改"为抓手构建课程层面校内保障机制,从学校层面引导教师和学生共同树立现代质量意识,形成各具特色的校园教学质量文化,从而促进教师教学水平的提升,激发学生参与课堂学习的积极性,进而提升课程教学质量与课程教学目标的达成度,同时提升专业人才培养质量与人才培养目标的达成度,最终使得高职院校的教育产品能够更好地满足社会、行业、企业的需求。

1.学校课程质量评价层面的保障

高职院校的领导首先要高度重视"互联网+"下教学改革质量的提升,

根据地方产业结构调整和学校自身特色,明确学校未来的教学改革发展方向,制定相关的管理制度体系,定期完善、修订各专业课程建设的各项制度,并积极落实相关课程政策,加强对各专业课程改革工作的动态调研与指导,确保课程改革工作有效开展。每个年度都要对建设中的各专业课程改革绩效做出相应的质量评价,提出质量保证的改进措施,撰写课程建设年度质量诊改报告,推进课程建设诊改工作的有效进行。学校教学管理部门还要建立起对应的覆盖全校各专业的课程诊断改进数据平台,以数据平台作为基础,对教学改革与课程改革的质量进行动态监控,让院系、教研室从繁杂的教学事务中腾出更多时间参与专业教学改革,让一线教师能够有更多的精力投身到课程改革及改进等工作中去。

2.教师参与层面的保障

高职院校教师作为课程改革质量保障制度的重要实施者,课程改革工作最终都是落实到专业教师身上来完成的,其中涉及了校内外教学教师资源的整合、专业课程体系的构建、教学方法与手段的创新等诸多方面,是一项复杂的系统工程,需要依托二级院系、各教研室,自上而下通力合作,专业群之间协同配合,才能切实解决课程改革中遇到的诸多问题并取得成效。

此外,教师要提高课程资源建设的整体水平。课程资源建设的数量多寡、质量高低、种类与形式是否多样,直接关系到课程教学质量。在移动课程建设过程中,教师对课程教学目标的整体把握,以及对各单元教学环节的精心设计,都会体现在移动课程建设的内容和形式上;同时,教师认真搜集与课程教学相关的各种素材、信息,拍摄反映各知识点精髓的视频,制作或委托开发动画、交互式实训等,是提升数字课程建设水平的有力保障。

3.学生参与层面的保障措施

高职院校学生,作为学校的服务对象与学校教学质量最为直接的利益关联者,作为学习体验者,在课程教学质量保障的实施过程中,要发挥主观能动性,积极参与到各项课程改革任务中去,认真参与到教师评教与教学质量信息反馈的工作中去。与此同时,学校应该引导学生认识到课程诊断与改进的重要性,形成课程教学质量的提升对提高自身职场竞争力具有重要意义的意识。

4.课程教学基础设施层面的保障

以学生为中心,充分利用互联网,特别是移动互联,是线上线下混合式教学改革的大趋势。学校应主动改善相应的教学基础设施,加快信息化基础设施的建设进程。线上线下混合式课程教学的广泛应用,需要高职院校信息化建设水平的整体提升,这包括智慧教室的建设、各层次网络教学平台的搭建、学校移动互联网条件的优化,以及在视频制作方面加大投入、引入专业制作团队、提高课程教学视频质量等。只有充分利用现代化信息技术手段,促进教学条件、教学内容、教学手段和方法的现代化,师生才能充分利用移动终端,在教学空间和教学时间不受限制的条件下,便捷高效地学习课程数字资源。

5.课程微观层面的质量保障

各专业要做好课程微观层面的质量保障机制的探索与实践,要充分以学校信息化技术平台为支撑,立足专业人才培养目标,建立"社会需求—人才培养—专业—课程"的目标链和标准链,分析研究专业各门课程教学过程大数据中的问题诊断点、质量监控点,建立专业核心和主干课程微观层面的质量保障机制。

课程微观层面质量保障机制形成的具体路径主要是结合 OBE(output based education,基于学习产出的教育模式)成果导向教育理念和 SMART (specific,measurable,attainable,relevant,time-bond,即具体的、可衡量的、可达到的、相关的、有明确期限的)原则。高职院校各专业应厘清本区域产业与企业对本专业人才的实际岗位需求和具体职业要求,通过专业社会需求—人才培养—专业—课程进行反推,完成该专业课程体系的架构和课程标准的制定工作;也可以依据 KPI(key performance indicator,关键绩效指标),设计课程教学层面的实时监测指标,借助各种信息化教学平台(如超星学习通、蓝墨云班课、智慧职教等),分析与提炼教学过程中的各种数据;获取课程层面质量诊断点,设计课程教学目标的达成度与完成质量评价表,设计学生学习效果达成度评价表;获取课程教学过程的动态数据,并在期中教学检查时,进行课程教学质量的诊断,以便及时改善课程教学效果。同时二级院系和各专业也要通过获取教学过程数据,进行课程教学的评价与控制。

四、高职新形态教材建设的保障机制构建

关于职业教育教材建设,《国家职业教育改革实施方案》《教育现代化2035》和孙春兰副总理在全国深化职业教育改革电视电话会议上的讲话精神,都为职业教育教材质量保障制度建设提供了政策指导。《国家职业教育改革实施方案》明确提出,"建立健全学校设置、师资队伍、教学教材、信息化建设、安全设施等办学标准"①。

在教学改革中,高职院校对教材建设的重视程度远不及专业建设和课程建设,然而教材建设却是提升高职人才培养整体质量的关键环节。国务院提出,"每3年修订一次教材,其中专业教材随信息技术发展和产业升级情况及时动态更新"②。2019年12月,教育部印发的《职业院校教材管理办法》(教材[2019]3号,简称《管理办法》)又进一步提出,"职业院校教材投入使用

---

①② 国务院.国务院关于印发国家职业教育改革实施方案的通知.中华人民共和国中央人民政府,http://www.gov.cn/zhengce/content/2019－02/13/content_5365341.htm.

后，应根据经济社会和产业升级新动态及时进行修订，一般按学制周期修订”，"公共基础课程教材要体现学科特点，突出职业教育特色；专业课程教材要充分反映产业发展最新进展，对接科技发展趋势和市场需求，及时吸收比较成熟的新技术、新工艺、新规范等"。① 这些要求既是对《国家职业教育改革实施方案》的呼应，也是职业院校教材发展的现实需求。为确保新形态教材的质量，学校要在新形态教材建设上提供更全面的保障措施。

（一）学校制度层面的保障

各高职院校对教材编写工作的关注度和重视度上的差异性，导致了教材编写质量参差不齐。一些学校对教材编写工作很重视，但是，也出现了"短平快教材""职称教材""繁难偏旧教材"等现象；而有的学校不重视教材编写工作，不将教材纳入工作量及职称评审条件，影响了教师参与的积极性。

高职院校应定期对原有教材规章制度进行完善和修订，使得学校教学工作委员会关于新形态教材建设的工作内容和职责得以进一步明确，有利于教学工作委员会更好地发挥作用。学校可以结合自身的实际情况制定新形态精品教材评审指标，按照指标，开展校级新形态教材的评审和筛选工作，使学校新形态教材的数量和质量有一定的保证。②

《管理办法》明确把教材编审任务纳入国家与省部级相关科研课题、评优评先、职称评定、职务（岗位）晋升倾斜条件、工作量计算、落实国家和省级教材奖励制度等方面，提升参与人员的积极性。同时规定，"将教材工作纳

---

① 教育部.关于印发《中小学教材管理办法》《职业院校教材管理办法》和《普通高等学校教材管理办法》的通知.中华人民共和国教育部，http://www.moe.gov.cn/srcsite/A26/moe_714/202001/t20200107_414578.html
② 尹天光等.以分级管理、政策激励、经费投入为手段，扎实推进教材建设[J].中国校外教育，2011(09):17.

入地方教育督导评估重要内容,纳入职业院校评估、项目遴选、重点专业建设和教学质量评估等考核指标体系",从而提升职业院校参与教材编写的积极性与责任心。[①]

(二)教师激励层面的保障

编写高质量的新形态教材需要充分发挥专业课教师的主体作用,教材开发不仅工作量大,而且专业性强,只有长期从事教学工作、有着丰富教学经验的教师,才能撰写出真正符合职校生需求特点的高质量教材。

学校层面应根据《管理方法》的相关要求,建立针对新形态教材建设的有效激励政策。新形态教材建设需要作者耗费大量的时间和精力,对各类教学资源进行整合和创作,这无疑需要一定的资金支持。学校应该加大对教师参与新形态教材建设的重视程度,以激发编写教师的积极性和创造性,鼓励年轻教师积极参加新形态教材建设,将新形态教材建设纳入日常教学考核、职务职称评聘、评优评先、年度绩效考核等范畴。这样的保障举措可以让绝大多数教师感到工作上有目标,精神上有鼓励,提高教师参与教材建设工作的积极性,进而促进教师潜能开发。

(三)行业企业层面的保障

目前高职院校教材编写环节的参与主体,依然是长期从事教学一线工作的专职教师,虽然教学经验相对比较丰富,但是绝大多数老师没有甚至很少接触企业生产管理一线的实操工作,对行业发展特征、企业经营现状、岗位要求变化等细节问题调研和掌握得很不充分,从而导致教材内容严重滞

---

① 杜云英.推动职业院校教材管理制度化科学化规范化[N].中国教育报,2020－03－10(9).

后于企业实际,这样的教材实用性和先进性都很难得到保障。

《管理办法》里明确提出,在编写环节,要求"教材编写团队应具有合理的人员结构,包含相关学科专业领域专家、教科研人员、一线教师、行业企业技术人员和能工巧匠等"[①]。专业课新形态教材的建设,要更加重视行业企业专家的参与作用,专业课教材的内容必须与职业岗位的能力要求、操作规范相吻合,只有邀请企业专家深度参与才能保证达到这个目标。《管理办法》中也明确要求了,专业课程教材"强调实践性","注重以真实生产项目、典型工作任务、案例等为载体组织教学单元"。对具备产教融合特色的新形态教材的开发,要以案例为基础对原有课程知识体系进行分解,打破传统的思维定式,引导学生基于实际生产案例完成过程来逐个掌握教材里的知识点。

(四)教材质量评价层面的保障

根据《管理办法》中关于充分反映产业发展、对接科技发展趋势的新要求,在具体的人才培养方案中,高职院校既要根据各自专业设计的学生职业能力、职业素养、专业知识的结构,构建由公共基础课、专业必修课、专业实训课及专业实习实训所构成的科学、合理、完整、实用、标准化的课程教材标准体系,以满足本区域经济发展和专业群建设需要,又要在新形态教材中,适当增加和区域经济及产业相匹配的、体现专业特色的内容。

建立基于大数据分析的教材评价技术平台,建立基于教材建设、使用和管理全过程的动态数据库和网络交互平台,通过大数据分析等先进技术,构建融主客观评价于一体的高校教材评价体系;改变以教材内容为单一评价对象的评价模式,将教材立项、编写、出版、使用及师生反馈等因素纳入评价

[①] 教育部.关于印发《中小学教材管理办法》《职业院校教材管理办法》和《普通高等学校教材管理办法》的通知. 中华人民共和国教育部,http://www. moe. gov. cn/srcsite/A26/moe_714/202001/t20200107_414578. html.

体系;改变目前教材评价简单的分类体系,体现不同类型、层级、专业的教材特点,使教材评价体现不同人才培养的要求。[①]

(五)学生自主学习习惯层面保障

新形态教材如果只建不用,那将成为一项学校、教师、出版社、教育行政部门自娱自乐的工程。从传统的学习方式转变为利用一体化教材进行线上自主学习与线下课堂学习相结合的新型学习方式,尚需一个过渡时期;同时,高职院校的学生普遍存在自我学习习惯较差、自主学习能力较弱的问题。因此,新形态教材要真正形成"建设—应用—再完善"的良好回路,关键需要教师努力引导学生养成自主学习的习惯,能够充分利用教材对应的课程学习平台实现自我学习、自我提升。[②]

(六)建设资金层面保障

由于新形态教材已经不是简单的纸质教科书,单纯靠教师的智力劳动付出编写出图文并茂的纸质教材是远远不够的,需要大量利用多媒体、互联网技术制作数字化素材。企业原创案例的收集、微课视频的拍摄、知识点动画的设计制作、交互式实训的开发等往往需要借助专业制作公司的力量,因此,一定数量的资金投入是新形态教材资源建设必不可少的保障。[③]

总而言之,高职院校的教育教学质量保障机制要更贴近并充分考虑各专业的人才培养目标,最大限度地保障师生参与教学改革和课程建设时能够突出人才培养目标。另外,"互联网+"教育背景下,利用信息技术形成的教学数据,极大地方便了教学质量的评价与保障,确保学校教学质量评价机

---

① 顾京,孙燕华.高职教材评价标准研究[J].教育与职业,2016(18):113—115.
②③ 章金萍."互联网+教育"背景下高职一体化教材建设[J].中国大学教学,2017(1):109.

制更可控,并且更加持续化和动态化。这样的变革,促进了多元化教学形式的展开和多样化教学模式的改革,反过来,也使得学校各专业的教学质量保障更加完善,最终促进教学质量与效能的整体提升。因此,教学质量评价与保障机制的构建是一个持续化、动态化的过程。

(执笔人:曹　湛)

附录一 浙江金融职业学院在线教学开展情况调研问卷

1. 您的性别是？【单选题】

选项	小计	比例
A. 男	84	44.21%
B. 女	106	55.79%
本题有效填写人次	190	

2. 您所在二级学院是？【单选题】

选项	小计	比例
A. 金融管理学院	1	0.53%

续　表

选项	小计	比例
B. 会计学院	0	0%
C. 工商管理学院	130	68.42%
D. 国际商学院	0	0%
E. 信息技术学院	0	0%
F. 人文艺术学院	0	0%
G. 投资保险学院	59	31.05%
本题有效填写人次	190	

3. 在疫情发生前,您经常参加在线学习吗?【单选题】

选项	小计	比例
A. 非常频繁	38	20%
B. 经常	36	18.94%
C. 一般	55	28.95%
D. 偶尔	41	21.58%
E. 从未	20	10.53%
本题有效填写人次	190	

4. 疫情期间,您使用哪些终端进行在线学习?【多选题】

选项	小计	比例
A. 台式电脑	24	12.63%
B. 笔记本电脑	157	82.63%
C. 平板电脑	16	8.42%
D. 手机	167	87.89%
E. 电视	3	1.58%
F. 其他	1	0.53%
本题有效填写人次	190	

5. 疫情期间,您在线学习时的网络情况怎么样?【单选题】

选项	小计	比例
A. 网络非常稳定	35	18.42%
B. 网络基本稳定	128	67.37%
C. 网络卡顿	27	14.21%
D. 没有网络信号	0	0%
本题有效填写人次	190	

6.疫情期间,您使用过哪些在线教学平台?【多选题】

选项	小计	比例
A. 爱课程（中国大学MOOC）	149	78.42%
B. 超星自主学习平台	185	97.37%
C. 智慧职教平台	181	95.26%
D. 浙江省高等学校在线开放课程共享平台	171	90%
E. 蓝墨云班课	41	21.58%
F. 腾讯课堂	122	64.21%
G. 教师自建的社交群（例如顶顶群、QQ群、微信群等）	163	85.79%
H. 其他	17	8.95%
本题有效填写人次	190	

7.疫情期间,您认为在线教学平台现有的功能可以满足您的学习需求吗?【单选题】

选项	小计	比例
A. 完全满足	42	22.11%

续　表

选项	小计	比例
B. 基本满足,还有需要完善的地方	121	63.68%
C. 不能满足,无关功能太多,影响学习效果	23	12.11%
D. 不能满足,功能较少	4	2.1%
本题有效填写人次	190	

8.疫情期间,您主要参加了以下哪些在线学习活动?【多选题】

选项	小计	比例
A. 课前预习学习内容	109	57.37%
B. 参与教师的直播/录播课程	179	94.21%
C. 参与线上答疑、讨论、习题讲解等活动	175	92.11%
D. 参加随堂测验和考试	170	89.47%
E. 完成课后学习作业	175	92.11%
F. 其他	3	1.58%
本题有效填写人次	190	

9.疫情期间的在线教学活动中,您认为有效的在线互动方式是哪些?【多选题】

选项	小计	比例	
A.签到	149		78.42%
B.课堂对话	127		66.84%
C.点名提问	86		45.26%
D.自主发言	100		52.63%
E.小组讨论	84		44.21%
F.在线测评	88		46.32%
G.讨论区发言	113		59.47%
H.其他	3		1.58%
本题有效填写人次	190		

10.疫情期间在线学习时,您是否主动回答教师问题或主动向教师提问?【单选题】

选项	小计	比例	
A.总是	14		7.37%
B.经常	43		22.63%

续　表

选项	小计	比例
C. 一般	93	48.95%
D. 偶尔	30	15.79%
E. 从不	10	5.26%
本题有效填写人次	190	

11. 疫情期间,对于教师布置的在线学习作业,您的完成情况如何?【单选题】

选项	小计	比例
A. 独立完成	69	36.32%
B. 自己做大部分,不会的在网上搜索答案或请教同学	111	58.42%
C. 自己较少做,直接问同学或到网上找答案	9	4.74%
D. 其他	1	0.52%
本题有效填写人次	190	

12.疫情期间,教师主要为您开展在线学习提供了哪些方面的支持?【多选题】

选项	小计	比例
A.提前告知在线教学相关信息(包括教学目标、大纲、评价方式)	160	84.21%
B.提前安排预习内容	131	68.95%
C.课程在线学习指导	161	84.74%
D.推荐相关学习资源	131	68.95%
E.提供电子教材	117	61.58%
F.对作业、成绩进行及时反馈	143	75.26%
G.开展个性化辅导	46	24.21%
H.其他	1	0.53%
本题有效填写人次	190	

13.疫情期间,您上课的教材是如何解决的?【多选题】

选项	小计	比例
老师提供 PDF 版教材下载	145	76.32%

续　表

选项	小计	比例
老师提供扫描（或拍照）类型的教材下载	95	50%
老师提供在线的教材链接（打开网站即可浏览教材）	119	62.63%
其他	15	7.89%
本题有效填写人次	190	

14. 疫情期间,您上课的教材中是否有新形态教材?（说明：如果所学教材内容中出现多处二维码图标即可将之视为新形态教材。）【单选题】

选项	小计	比例
是（请填写新形态教材的课程门数）	23	12.11%
否	167	87.89%
本题有效填写人次	190	

15. 从疫情开始到目前为止,您是否可以跟上在线课程的教学进度和节奏?【单选题】

选项	小计	比例
A. 进度较慢,跟得上	10	5.26%
B. 进度合适,基本跟得上	160	84.21%
C. 进度过快,跟不上	20	10.53%
本题有效填写人次	190	

16. 与线下学习相比,您认为疫情期间在线学习的效果如何?【单选题】

选项	小计	比例
A. 在线学习的效果普遍更好	21	11.05%
B. 线下学习的效果普遍更好	92	48.42%
C. 二者效果差不多	28	14.74%
D. 视情况而定	49	25.79%
本题有效填写人次	190	

17.疫情期间在线学习时,您遇到过以下哪些困难和问题?【多选题】

选项	小计	比例
A.网络拥堵	152	80%
B.在线学习设备、平台的操作难度大	93	48.95%
C.教学安排混乱	39	20.53%
D.教师准备不充分	12	6.32%
E.教师答疑及反馈不及时	15	7.89%
F.无法实现有效互动	51	26.84%
G.学习资源不足	46	24.21%
H.学习平台过多	129	67.89%
I.其他	3	1.58%
本题有效填写人次	190	

18.疫情期间,您认为以下哪些因素会影响在线学习效果?【多选题】

选项	小计	比例
A.自己是否进行课前预习	96	50.53%

续 表

选项	小计	比例
B. 教师是否在课前及时告知课程教学安排	92	48.42%
C. 教师课前准备是否充分	58	30.53%
D. 教师是否及时答疑和辅导	72	37.89%
E. 课堂互动是否充分	77	40.53%
F. 教师选择的在线教学方式	78	41.05%
G. 在线学习平台是否稳定、流畅	142	74.74%
H. 教师的学术水平和授课水平	46	24.21%
I. 其他	4	2.11%
本题有效填写人次	190	

19. 疫情期间,您认为在线教学的整体效果如何?【单选题】

选项	小计	比例
A. 全部所学课程在线教学效果都很好	25	13.16%

选项	小计	比例
B. 大部分课程在线教学效果很好	99	52.11%
C. 一半课程在线教学效果很好	36	18.95%
D. 仅少部分课程在线教学效果很好	23	12.11%
E. 全部课程在线教学效果都不好	7	3.67%
本题有效填写人次	190	

20. 疫情结束后,您更愿意参与以下哪种方式的教学?【单选题】

选项	小计	比例
A. 纯线上教学的方式	14	7.37%
B. 线上教学主导+线下教学辅助的混合式教学方式	38	20%
C. 线下教学主导+线上教学辅助的混合式教学方式	82	43.16%
D. 纯线下教学的方式	23	12.11%
E. 无所谓,都可以	15	7.89%

续 表

选项	小计	比例
F.视情况而定	18	9.47%
本题有效填写人次	190	

21.请根据疫情期间您自身的在线学习经历,对在线教学进行整体评价。【矩阵单选题】

题目/选项	非常同意	同意	一般	不同意	非常不同意
A.疫情期间,我认为学校的在线教学组织工作准备充分	82 (43.16%)	72 (37.89%)	33 (17.37%)	1 (0.53%)	2 (1.05%)
B.疫情期间,我认为教师的在线教学安排合理且明确	80 (42.11%)	72 (37.89%)	35 (18.42%)	2 (1.05%)	1 (0.53%)
C.疫情期间,我认为在线教学平台使用支持及服务到位	79 (41.58%)	66 (34.74%)	35 (18.42%)	6 (3.16%)	4 (2.1%)
D.疫情期间,我认为在线教学的互动反馈及答疑顺畅	78 (41.05%)	71 (37.37%)	32 (16.84%)	5 (2.63%)	4 (2.11%)

续　表

题目\选项	非常同意	同意	一般	不同意	非常不同意
E.疫情期间,我认为在线教学的学习效果整体较好	77 (40.53%)	66 (34.74%)	35 (18.42%)	5 (2.63%)	7 (3.68%)
F.疫情期间,我对学校的在线教学整体满意	78 (41.05%)	74 (38.95%)	33 (17.37%)	2 (1.05%)	3 (1.58%)

附录二　浙江金融职业学院新形态教材使用情况调研问卷

　　本次共发放问卷 115 份,其中有效问卷 107 份。在 107 位同学中有 51 位男生和 56 位女生,性别比例较均衡;107 位同学分别来自工商管理学院的市场营销、工商企业管理和房地产经营管理三个专业,具体构成如附录二图 1。

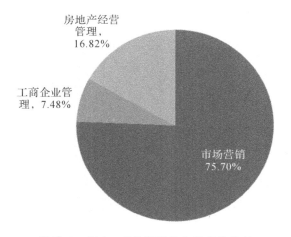

附录二　图 1　有效问卷学生的专业方向

本次调查获得的情况如下。

1. 学生了解的新形态教材标志的位置

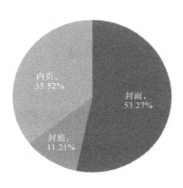

附录二 图2 学生了解的新形态教材标志的位置

2. 学生扫码浏览新形态教材资源的数量

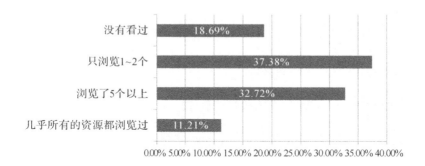

附录二 图3 学生扫码浏览新形态教材资源的数量

3.学生浏览新形态教材资源的类别

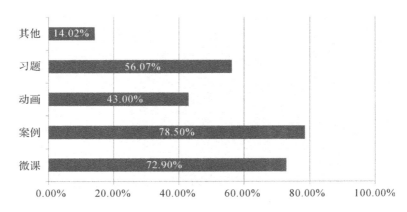

附录二 图 4 学生浏览新形态教材资源的类别

4.学生查阅新形态教材资源的原因

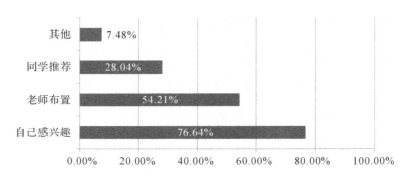

附录二 图 5 学生查阅新形态教材资源的原因

5.学生扫码查阅新形态教材资源的时间

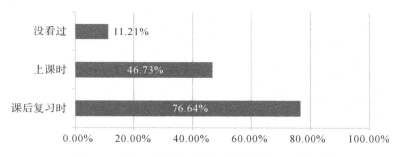

附录二　图 6　学生扫码查阅新形态教材资源的时间

6.学生对新形态教材的评价(分值越高越认同)

附录二　表 1　学生对新形态教材的评价

对新形态教材的评价	平均得分
增加了参考资料的数量	3.93
丰富了资料的表现形式	3.99
增加了内容的新颖性	3.97
使用多媒体技术,将课堂进行了延展	4.02

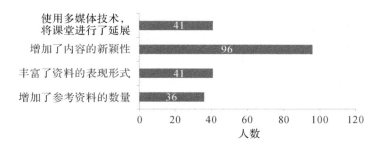

附录二　图 7　对新形态教材评价满分的同学数量

从学生对新形态教材的评分可以看出,满分5分,平均每项得分都在4分左右,说明同学们对新形态教材的整体评价是认可的。从具体打分情况还可以看出,每项打最低分1分的同学都只有2位,而给出5分满分的同学却不少,几乎每项都有40%以上的同学给出了满分,特别是在内容的新颖性方面,给出满分的同学超过90%,有96名同学之多。

7. 学生对新形态教材在学习中的作用评价(分值越高越认同)

附录二　表2　学生对新形态教材在学习中的作用评价

对新形态教材在学习中的作用评价	平均得分
新形态教材可以提高学习兴趣	3.88
新形态教材可以拓展眼界	4.04
新形态教材可以加深对理论知识的理解	3.92
新形态教材可以启发更多思考	3.99
新形态教材可以增加练习的机会	4.00
新形态教材可以使学习更生动	3.99
新形态教材可以使学习更便捷	4.06

相似的,对新形态教材在学习中的作用,学生的评价也是非常肯定的,平均给分在4分左右,给出满分的同学占40%以上,只给1分的同学每项都只有1位。

通过本次调查我们看到,学生们都知道自己使用的是新形态教材,超过半数的同学清楚新形态教材的标志,但也有35%的同学可能把教材的拓展资源标志当作了新形态教材标志。学生们浏览资源的比例比较高,超过

80％的同学浏览过教材资源,特别是其中11.21％的学生浏览过教材里的所有资源。总体来说,学生对新形态教材的各类资源都比较感兴趣,微课、案例、习题浏览的比例都超过50％,动画的浏览比例相对低一些,数据为43％,表明动画资源受学生的欢迎程度不及其他资源。而学生浏览资源的最大原因是感兴趣,比例超过76％,其次老师布置也是一大原因,因此提高资源自身的吸引力这一点很重要。此外,学生浏览资源最多的情况是在复习的时候,而上课时浏览资源的学生也大有人在。

通过本次调查,我们看到,学生对新形态教材的总体评价是比较高的,在满分为5分的情况下,各方面的评价都接近或超过4分,有相当部分学生给出了满分,特别是在内容的新颖性方面有超过90％(96名)的同学给了满分。对于新形态教材在学习中的作用的评价,学生们的打分也是接近或超过4分,给出满分的同学也超过40％。

总之,学生对新形态教材的评价是肯定的,也认可新形态教材在学习中发挥的积极作用。在使用时,老师应注意多布置一些基于新形态教材资源学习的思考题或练习,可能会更有效地督促学生充分利用教材资源丰富学习内容。在资源建设方面,建议多从学生感兴趣的角度思考资源的内容和形式,建议提高动画资源的质量以增加其吸引力。

附录三 浙江金融职业学院市场营销专业群新形态教材建设规划

为认真贯彻落实教育部《普通高等学校教材管理办法》、浙江省教育厅《关于加快推进普通高校"互联网＋教学"的指导意见》文件精神,加强在"互联网＋教育"背景下市场营销专业群教材的建设工作,全面提升教材质量和人才培养质量,浙江金融职业学院制定了市场营销专业群"十三五"新形态教材建设规划。

新形态教材基于移动互联网技术,通过二维码等智能识别技术,将网络上的数字化教学资源嵌入纸质教材中,学习者可以通过手机扫描二维码,实现线上线下资源的衔接。新形态教材是在线课程建设成果的体现。

一、现有教材建设基本情况

市场营销专业群在"十二五"期间,注重教材精品化建设,市场营销、电子商务、工商企业管理、房地产经营管理等专业加大核心课程配套教材建设,由国内知名出版社高等教育出版社、中国人民大学出版社、北京大学出版社等出版了 10 余种教材,其中《市场营销实务》《营销策划实务与实训》《人力资源管理实务》《职场沟通》《电子商务实务》《网络营销及案例评析》《房地产经纪》等 7 本教材入选职业教育国家"十二五"规划教材。

附录三　表-1　市场营销专业群"十二五"规划教材一览

教材名称	主编	出版社
市场营销实务	章金萍	中国人民大学出版社
营销策划实务与实训	方志坚、章金萍	中国人民大学出版社
人力资源管理实务	钱程	北京大学出版社
职场沟通	吕宏程	北京大学出版社
电子商务实务	陈月波	中国人民大学出版社
网络营销及案例评析	陈月波	中国财政经济出版社
房地产经纪	殷世波	科学出版社

"十二五"期间编写出版的教材主要依据任务驱动的项目制课程教学改革需要,教材在结构体例上从传统的章节形式改变为模块、项目或任务等,将知识的传授与能力的训练并重,注重课程教学中的"做中学"和"学中做",这些教材基本属于理实一体化教材。

二、新形态教材建设原则

进入"十三五",高等教育的课程发生了颠覆性的变革,慕课、在线开放课程等大量涌现,课程建设的新变化也促使教材形态发生转变,由传统的纸质教材转变为线上线下一体化的新形态教材。同时,高等学校又肩负着学习、研究、宣传马克思主义,培养中国特色社会主义事业建设者和接班人的重大任务,教材作为承担这一重大任务的重要载体,坚持正确政治方向,把握立德树人这一根本,是新形态教材建设的前提。

1.以立德树人为根本,以"坚持导向、质量优先、打造精品、尽早培育"为建设原则。通过整合市场营销专业群教师、专业优势与资源,建设一批高质量、高水平、有特色的新形态立体化教材。

2.坚持正确政治方向。以马克思主义、党的教育方针为指导,充分挖掘市场营销专业群教育教学资源,坚持全课程育人理念,扎实推动社会主义核心价值观进教材。

3.严格质量标准。新形态教材建设应符合市场营销专业群人才培养目标,符合教学规律和认知规律,反映当代课程建设与专业发展新成果、新知识、新技术,注重借鉴国内外教材先进成果。

4.反映时代特征。反映"互联网＋教育"背景下教材建设特征,实现信息技术与教育教学的深度融合,丰富表现形式,达成教材与教学、线上与线下紧密结合。

三、新形态教材建设目标及思路

(一)建设目标

"十三五"期间,按照"精品化、立体化、数字化"的思路,分期分批建设 10本左右体例新颖、结构完整、内容创新、数字资源丰富的市场营销专业群核心课程新形态教材,并建设相应的数字化教学资源,搭建相应的课程学习网站,将市场营销专业群系列教材打造成代表浙江金融职业学院教学水平且具有辐射示范作用的新形态品牌教材。

(二)建设思路

市场营销专业群核心课程新形态教材,将按照"精品化、立体化、数字化"的思路开展建设。

1.内容精品化。教材以提高学生职业道德修养及职业技能为本位,按照省级新形态教材的建设标准,由具有丰富教学和教材编写经验的专业带头人和骨干教师编写,一方面将当代经济发展新趋势和商业模式创新的成果反映到教材内容中,另一方面将教学形式、教学方法、教学内容等改革创新在教材上有所体现,精心设计教学案例,使学生在教材的学习中激发创新性思维,力争将教材建成品牌教材。

2.形式立体化。在"互联网＋教育"的背景下,新理念、新技术、新方法应在教材形式上有所变革。教材形式实现线上线下一体化,力求纸质教材和电子教材一体化、静态素材和动态素材一体化、固定课堂和移动课堂一体化。

3.资源数字化。建设文本、视频、演示文稿、交互实训、题库等形式多样、内容丰富的资源,并以数字化资源的形式编码后生成二维码呈现在教材中,以手机二维码作为介质,将纸媒和网媒有机结合。

四、新形态教材建设办法

经过 3 年的建设,要形成适合市场营销专业群的、成熟的新形态教材体系。继续以专业核心课程标准为基准,以学习情境、子学习情境为对象,以工作任务为导向,以活动载体为核心内容,为项目教学和移动课程改革实施提供教学辅助资料,全面提升学生的业务操作能力,逐步形成风格独立的自编移动课程教材体系。

1.成立市场营销专业群新形态教材建设小组,规划新形态教材编写事宜。

2.围绕市场营销专业群营销策划、市场营销实务、市场调研、创新创业指导、电子商务实务、零售管理、服务营销、管理学基础、企业文化理论与实务、商业文化伦理共10门核心课程和院本课程进行新形态教材建设。

3.建设新形态教材对应课程的数字化资源。资源形式主要包括:教学大纲、电子教案、教学设计、学习目标、重点难点、案例解析、习题解答、多媒体课件、音频视频(含微课、动画等)、演示文稿、图片、交互实训、试题库、拓展资源等。

4.分批编撰并出版新形态教材。第一批:《营销策划》《市场营销实务》。第二批:《服务市场营销》《管理学基础》《电子商务实务》。第三批:《市场调研》《零售管理》《创新创业指导》《企业文化理论与实务》《商业文化伦理》。

五、保障措施

1.组织保障

成立以分管教学的副院长为组长的新形态教材项目建设团队,本着责、权、利相统一的原则,由项目负责人作为第一责任人,负责项目按计划实施及项目建设成果的汇总。同时,聘请校内外对新形态教材研究具有高深造诣的专家和编辑担任顾问,为新形态教材建设提供咨询服务。

2.人员保障

加强新形态教材项目团队建设,强化团队意识,定期开展学习、交流活动,提高团队成员的教材建设水平;加强校内与校际的交流、学习及资源的共享,取长补短,优化新形态教材建设实施路径,保障教材建设质量,提高教材建设绩效。

3.经费保障

从市场营销优势专业建设经费与重点校建设经费中,按 3 万元/本的标准,对新形态教材建设给予经费支持,将经费用于教材对应课程教学资源的开发和建设,不断丰富教材的线上教学资源建设。

4.政策保障

以教育部《普通高等学校教材管理办法》、浙江省教育厅《关于加快推进普通高校"互联网＋教学"的指导意见》等文件精神为指导,提高新形态教材建设质量。

5.质量控制

建立一套完备的新形态教材建设考核奖惩机制,明确任务和时间安排,实施主编负责制,强化编写教师的责任意识。严格按照时间进度和质量要求,对新形态教材建设进行指导、监控,实行定期绩效评估,以保证教材建设按计划进程顺利实施,达到预期目标。同时聘请国内对新形态教材研究具有高深造诣的专家提供咨询服务,及时对新形态教材建设加以指导,对不足之处提出改进意见与建议。

图书在版编目（CIP）数据

"互联网＋"时代高职课程改革与新形态教材建设 /
章金萍等著. —杭州：浙江大学出版社，2021.3
　ISBN 978-7-308-20795-9

　Ⅰ.①互… Ⅱ.①章… Ⅲ.①高等职业教育—教学研
究 Ⅳ.①G718.5

中国版本图书馆 CIP 数据核字（2020）第 227550 号

"互联网＋"时代高职课程改革与新形态教材建设
章金萍　王　煜 等著

策划编辑	顾　翔
责任编辑	曲　静
封面设计	周　灵
出版发行	浙江大学出版社
	（杭州市天目山路 148 号　邮政编码 310007）
	（网址：http://www.zjupress.com）
排　　版	杭州中大图文设计有限公司
印　　刷	广东虎彩云印刷有限公司绍兴分公司
开　　本	710mm×1000mm　1/16
印　　张	13.25
字　　数	190 千
版 印 次	2021 年 3 月第 1 版　2021 年 3 月第 1 次印刷
书　　号	ISBN 978-7-308-20795-9
定　　价	49.00 元